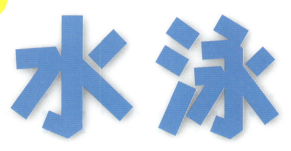

勝てる！強くなる！

強豪校の部活練習メニュー

水泳

日本大学豊山高等学校・中学校
水泳部監督

竹村知洋 監修

金の星社

はじめに

　日本は海に囲まれており、川の水がきれいな国です。たくさんの水に囲まれた環境のなか、日本人は古くから水泳に親しんできました。

　4年に一度開催されるオリンピックの水泳競技は、日本人の活躍が期待されている種目です。金メダルを獲得する選手もいて、「水泳ニッポン」と呼ばれる強さを誇っています。

　競泳は泳ぐスピードを競う競技です。ほかの人より速く泳ぐためには、丈夫な体をつくり、よいフォームで泳ぐことが必要です。そのためにはまず、基本的なことを身につけることが大切です。体づくりや泳ぎ方の基本を知り、毎日の練習に熱心に取り組むことで、より速く泳ぐことができるよ

うになります。本書には、そのために必要な基本的なことが書かれています。日々の練習に取り入れてしっかりと身につけることで、自信を持って大会に臨(のぞ)んでほしいと思います。

　この本を読んだ皆(みな)さんの大いなる活躍(かつやく)を期待しています。そして、未来のオリンピック選手を目指してください！

ストロークについて

本書ではストローク動作の流れについて、水をつかむ「キャッチ」、水をかく「プル」、水をうしろに押(お)し出(だ)す「フィニッシュ」、腕(うで)を進行方向に戻(もど)す「リカバリー」の4点で解説(かいせつ)しています。

本書の使い方
効果的な練習方法を知ろう

本書では、中学水泳の強豪校が実際に取り入れている練習を、写真やイラストを使ってわかりやすく解説している。ここで本書の約束事を確認してから練習に移ろう。なお、プールの各部名称や、知っておきたい用語はP.124〜P.125を参照しよう。

テクニック名・練習名
このページで解説されているテクニックや練習の名前。

ビジュアル
どんなテクニックなのか、写真を使ってわかりやすく解説。体の動きなどは、矢印を使ってイメージしやすくしている。

印の種類

- ----▶ 目線の方向
- ──▶ 足や手、体の動く方向
- ○ テクニックや練習の注目ポイント
- ▨ ストレッチやトレーニングで効果が現れる体の部位

10 バタフライ

体の浮き上がりを使う
バタフライの息つぎ

バタフライの呼吸動作は、第2キックとフィニッシュのあと、体が浮き上がったところで前向きに行う。呼吸も、スムーズに泳ぐ大きなポイントになる。

1. 体を起こさず、水面の近くをすべるようなイメージを持つと、呼吸をするときもよい姿勢を保って泳げる。
2. 目線は前を見るのではなく、少し前方の水面を見るように意識してみよう。
3. あごが水面をすべるような、低い位置での呼吸を心がけよう。

バタフライの呼吸動作で最も難しいのは、体を起こさないようにすることだ。あごを上げすぎると呼吸動作時に体が立ってしまい、水の抵抗を大きく受けてしまう。できるだけ低く、水面の近くで呼吸するのが大切だ。

第2キックとフィニッシュのタイミングに合わせて、あごを前に出しすぎないように注意しながら、前を向くようにして顔を上げるのが呼吸動作の基本。目線は少し前方の水面を見ると、あごが上がりすぎず、前方に飛び出すような呼吸動作ができる。また、あごが水面をすべるくらい低い位置で呼吸ができるとベスト

テクニックの内容
どんなテクニックなのか、どんなときに使うのか、どう試合に役立つのかを具体的に解説。

段階別の練習メニュー

そのテクニックがうまくできるようになるための練習方法を、2〜3の段階で解説。STEP1ができるようになったら、STEP2を練習する。少しずつ上達していく実感が持てるはずだ。

ポイント

練習で気をつけることやコツなど、大事なことが書かれている。

人数	練習に必要な人数
回数	練習回数の目安
道具	練習に必要な道具
時間	練習の所要時間
位置	練習に必要なプールの位置

やり方

練習の仕方や体の動かし方を、順を追って解説。

第1章 基本技術と練習メニュー

2回に1回呼吸して泳ぐ

人数	1人	回数	25m×4セット
道具	—	時間	10分

Point 呼吸に関係なく同じフォーム

1. バタフライで泳ぐ。2回のストロークごとに、1回呼吸する。
2. 呼吸をしていないときの姿勢と、呼吸をしたときの姿勢があまり変わらないのがベスト。
3. 呼吸しないときのフォームを特に意識して泳ぐ。

程度スピードを上げて行うと、レースに近い感覚でトレーニングできる。

毎回呼吸して泳ぐ

人数	1人	回数	25m×4セット
道具	—	時間	10分

Point 回数を増やして呼吸動作の練習

1. バタフライで手と足の動作を合わせて泳ぐコンビネーションで、毎回呼吸する。
2. あごが水面をすべるように意識して呼吸する。
3. 目線を上げすぎないように注意しよう。

を上げるのではなく、前に出すような意識を持つと、姿勢で呼吸ができる。

Good! やっていはいけない呼吸動作

Point 腰痛にもつながるので注意

1. あごが上がり、体が起き上がってしまう呼吸動作はしないようにする。
2. 前を見ようとすると、あごが上がりやすくなる。
3. あごを上げると腰も反ってしまうので、故障の原因にもなる。

を吸いたい」という意識が強いと、あごが上がりやすくなるので注意しよう。

NO Good!

よくやりがちな悪い例を示し、気をつけるべきポイントを紹介。

本書のおすすめの読み方

❶ 自分やチームの状態を知りたいときや、弱点を克服したいときは、まずP.10を確認しよう！

❷ まんべんなく知りたい人は第1章から順に読もう！

❸ 基本ができているなら、やりたい練習だけにチャレンジ！

目次

はじめに ……… 2
本書の使い方 効果的な練習方法を知ろう ……… 4
練習を始める前に なりたい自分と弱点を知ろう ……… 10
弱点を知って練習メニューを立てよう！ ……… 12

第1章 基本技術と練習メニュー

基本姿勢
01 ストリームラインの基本姿勢 ……… 16

クロール
02 クロールの基本フォーム ……… 18
03 クロールのストローク ……… 20
04 クロールのローリング ……… 22
05 クロールの呼吸動作 ……… 24
06 クロールのキック ……… 26

バタフライ
07 バタフライの基本フォーム ……… 28
08 バタフライのキック ……… 30
09 バタフライのストローク ……… 32
10 バタフライの息つぎ ……… 34

平泳ぎ
11 平泳ぎの基本フォーム ……… 36
12 平泳ぎのキック ……… 38
13 平泳ぎのストローク ……… 40
14 平泳ぎの息つぎ ……… 42

背泳ぎ
15 背泳ぎの基本フォーム ……… 44

16 背泳ぎのストローク ……… 46
17 背泳ぎのローリング ……… 48
18 背泳ぎのキック ……… 50

飛び込み
19 トラックスタート ……… 52

スタート
20 背泳ぎの構え方 ……… 54

ターン
21 クイックターン ……… 56
22 オーバーロールターン ……… 58
23 タッチターン ……… 60

リレー
24 リレーの引きつぎ ……… 62

コラム 25m、50mプールで行う
それぞれの練習ポイント ……… 64

第2章 試合を想定した実戦・練習メニュー

スタート
01 クロールのスタート ……… 66
02 バタフライのスタート ……… 68
03 平泳ぎのスタート ……… 70
04 背泳ぎのスタート ……… 72

種目別練習
05 ショートの実戦練習と道具 ……… 74
06 ミドルの実戦練習と道具 ……… 76

07 ロングの実戦練習と道具 …… 78
08 実戦練習と道具 …… 80

自信を持つ
09 自信がつく練習 …… 82

結果を出す
10 試合を想定した練習 …… 84

弱点克服
11 弱点を徹底して直す …… 86

コラム　春夏秋冬　季節による練習テーマ …… 88

第3章　試合に勝つための作戦

調整法
01 テーパー期の仕上げ方 …… 90

試合当日
02 試合当日の過ごし方 …… 92

作戦
03 レース展開と作戦を考える …… 94

順番
04 リレーの順番の決め方 …… 96

チームワーク
05 チームワークの考え方 …… 98

栄養
06 栄養や体のことを知る …… 100

コラム　部室が汚いチームは弱い！
　　　　その理由とは？ …… 102

第4章 トレーニング

体幹
01 補強運動 腹筋 ……… 104

下半身
02 補強運動 スクワット ……… 106

筋肉
03 補強運動 ストレッチ（基本）……… 108

ペア
04 補強運動 応用ストレッチ ……… 110

勝つためのチーム環境づくり ……… 112

1 マネージャーの役割 ……… 112
2 マネージャーの仕事は多い ……… 113
3 チーム編成と強み ……… 114
4 時間の有効活用 ……… 116
5 合宿でのチーム力アップ ……… 118
6 クールダウンと休日 ……… 120
7 ミーティングのあり方 ……… 122

コラム 個人でできるトレーニング
自主トレができる選手は強い ……… 123

これだけは知っておきたい水泳の基礎知識 ……… 124

監修・学校紹介 ……… 126

勝てる！強くなる！

練習を始める前に
なりたい自分と弱点を知ろう

練習を始める前に、自分は何が苦手なのかを考えたり、チームの弱点はどこかを話し合ったりしてみよう。それがわかれば、どんな練習をすればよいかわかるはずだ。下の項目を確認して、自分のチームと傾向がわかったら、P.12〜14を見て練習メニューを考えてみよう。

総合

1. どんな練習をどれくらいやればよいのかわからない。
2. 気がつけば、1日中同じ練習ばかりしてしまう。
3. 水泳の強豪校がどんな練習メニューを立てているのか知りたい。
4. 1日の中でどんな練習をすればよいのかわからない。
5. どういう練習を、どれだけやればよいのかわからない。

➡ **1つ以上あてはまったらP.12の❶を見てみよう**

正しいフォームで泳ぐ

1. 泳いでいる途中で曲がってしまって、真っすぐに進まない。
2. 力いっぱい水をかいているのに、スピードが出ない。
3. キックで水しぶきだけが上がって前になかなか進まない。
4. 手と足を使うタイミングがわからなくて、すいすい泳げない。
5. 息つぎがうまくできなくて、いつも動きが止まってしまう。

➡ **2つ以上あてはまったらP.13の❷を見てみよう**

弱点を直す

1. 自分の泳ぎ方について、先生や先輩、仲間に見てもらって意見を聞いたことがない。
2. 長所を伸ばす練習を一番に考えて練習している。
3. 同じ練習をくりかえすのは苦手だ。
4. 試合では練習のときよりもタイムが悪い。

　➡ **2つ以上あてはまったらP.13の❸を見てみよう**

トレーニング

1. もっと力強くキックとスクロールができるようになりたい。
2. チームの練習は泳ぐ練習が中心になっている。
3. 体力強化のために長い距離を泳ぐようにしている。
4. 「体幹」という言葉がどこを指すのか知らない。
5. 練習のあとに、関節や筋肉に痛みがある。

　➡ **2つ以上あてはまったらP.14の❹を見てみよう**

---

1. 試合に集中するために、仲間やライバルのレースは見ないようにしている。
2. 試合の日も、普通の日と同じ時間帯に起きたり、食事をしたりしている。
3. 競泳は速く泳げばよいので、作戦は必要ないと思っている。
4. 予選も決勝も、同じペースで泳いでいる。

　➡ **2つ以上あてはまったらP.14の「作戦を立てよう」を見てみよう**

勝てる！強くなる！

弱点を知って練習メニューを立てよう！

P.10～11の質問には、いくつあてはまっただろうか？ 自分やチームが何を苦手としているか、少しわかったのではないだろうか。ここでは、それに応じてどんな練習をすればよいか、モデルケースを紹介するので参考にしてみよう。

1 強豪校の練習メニューを参考にしよう

練習を始める際、何から始めてよいかわからないこともあるだろう。それに、強いチームがどんな練習をしているかも気になるところだ。まずは強豪校・日本大学豊山高等学校・中学校の練習メニューを見てみよう。

1日の練習メニューの例（クロール：短距離）

15:30　着がえ・準備
　　　　補強運動　腹筋　スクワット
　　　　ストレッチ　ペアストレッチ
　　　ウォーミングアップ

16:30　キック
　　　　●50m×8本（1:30）ハード
　　　　　キックだけで50mを8本、
　　　　　ハードに泳ぐ
　　　　　1分30秒ごとにスタート
　　　プル
　　　　●100m×8本（1:30）ハード
　　　　　プルだけで50mを8本、
　　　　　ハードに泳ぐ
　　　　　1分30秒ごとにスタート
　　　ドリル・フォーム
　　　　●25m×16本（1本ごとに10～20秒休憩）

　　　　フォームづくり、弱点克服のドリル
　　　　10～20秒の休憩後にスタート
　　　スイム
　　　　●50m×4本×4セット（50）（1:00）（1:10）(1:2
　　　　　1s ディセンディング／1s rest (1:00)
　　　　　50m×4本を4セット泳ぐ
　　　　　1セット目は50秒サイクル
　　　　　2セット目は1分00秒サイクル
　　　　　3セット目は1分10秒サイクル
　　　　　4セット目は1分20秒サイクル
　　　　　セットごとに泳ぐタイムを速くする
　　　　　セット間の休憩は1分間
　　　　●25m×8本（1:00）ハード
　　　　　25mを8本、ハードに泳ぐ
　　　　　1分ごとにスタート

18:30　クールダウン

2 正しいフォームで泳ぐ練習をしよう

　水泳でよい結果を出すにはフォームが大切だ。よいフォームが身につくと、力をうまく伝えられるので、効率よく泳ぐことができる。そして、体への負担が減り、故障の予防にもなる。自分のフォームを大切にすることは、体力を向上させることと同様に大切だ。P.10の「正しいフォームで泳ぐ」で、1や2があてはまったら、手の使い方に問題がある。手の動かし方を練習しよう。3があてはまったら、ひざが曲がっていたりするのでキックの基本を練習する。4や5があてはまったら、手と足のタイミングを合わせる練習が必要だ。

menu A 　1や2があてはまったら…手の動かし方を練習しよう
クロール（P.18〜19）、バタフライ（P.28〜29）、
平泳ぎ（P.36〜37）、背泳ぎ（P.44〜45）

menu B 　3があてはまったら…キックの練習をしよう
クロール（P.26〜27）、バタフライ（P.30〜31）、
平泳ぎ（P.38〜39）、背泳ぎ（P.50〜51）

menu C 　4や5があてはまったら…コンビネーションの練習をしよう
クロール（P.22〜25）、バタフライ（P.32〜35）、
平泳ぎ（P.40〜43）、背泳ぎ（P.46〜49）

3 弱点を直す練習をしよう

　自分の弱点を直さなければ試合では勝てない。また、弱点を直す努力をしたとしても、克服までには時間がかかる。選手はもちろん、指導者にもねばり強さが要求されるところだ。徹底して直すという強い意志がなければ、弱点は克服できない。P.11の「弱点を直す」で、1〜3があてはまったら、自分の弱点を知らずに練習している可能性がある。弱点を知って、直す練習をしよう。4があてはまったら、練習のための練習になっているのかもしれない。実戦的な練習が必要だ。

menu A 　1〜3があてはまったら…弱点を直す練習をしよう
弱点を徹底して直す（P.86〜87）
練習の内容を量から質へ（P.91）

menu B 　4があてはまったら…実戦的な練習をしよう
試合を想定した練習（P.84〜85）

4 トレーニングをしよう

速く泳ぐためには水泳の練習だけではなく、陸上トレーニング、栄養の摂取、ストレッチを中心としたコンディショニングを一体化したトレーニングが必要だ。泳ぐためのパワーとは、筋力×スピードだ。筋力は筋肉の太さに比例するため、筋肉が太ければパワーが増加するわけだ。ただし、腕や足の筋力強化に加えて、体の胴体・体幹をトレーニングできたえないと、体のバランスが悪くなるので注意しよう。P.11の「トレーニング」で1～4があてはまったら、筋力強化のトレーニングをしよう。5があてはまったら、筋肉や関節の疲れをとるストレッチをする必要がある。

menu A 1～4があてはまったら…補強運動
腹筋 (P.104～105)、補強運動 スクワット (P.106～107)

menu B 5があてはまったら…ストレッチ
補強運動 ストレッチ (P.108～109)、
補強運動 応用ストレッチ (P.110～111)

作戦を立てよう

試合での勝利を目標に掲げている場合、最も大切なのは結果だ。あくまで結果を求めて努力をするため、結果を出せなければ意味がない。結果を求める上で必要なのが作戦だ。自分が得意なレース展開をつかめれば、試合で「勝つ」ための作戦が立てられる。P.11の囲みで1や2があてはまったら、力を最大限出しきるために試合当日の過ごし方を覚えよう。3や4があてはまったら、自分を知って、レース展開の組み立てを考える必要がある。

menu A 1や2があてはまったら…試合当日について考えよう
試合当日の過ごし方 (P.92～93)

menu B 3や4があてはまったら…作戦を考えよう
レース展開と作戦を考える (P.94～95)

第1章

基本技術と練習メニュー

1

01 基本姿勢

真っすぐな姿勢が基本
ストリームラインの基本姿勢

水泳の基本は、ストリームラインから。真っすぐな姿勢を水の中でつくれるように、体の使い方や意識するポイントを1つひとつ確認していこう。

1. 足先から手の指先までを一直線に伸ばす。

2. 頭は入れすぎず、腕で耳をはさみ込むような形を維持する。

3. おなかをへこませるようにして力を入れると、背中まで真っすぐになる。

　クロール、背泳ぎ、平泳ぎ、バタフライの4泳法にかかわる、水泳の基本姿勢ともいえるのが、ストリームラインだ。手の指先から足先までを一直線にして、水の抵抗を少なくした形をつくろう。

　ポイントはおなかをへこませるようにして体幹（胸、おなか、腰、背中の胴体）に力を入れること。そして、肩甲骨から胸全体を上に持ち上げるようにして、指先が引っ張られているようなイメージで伸びることだ。陸上で、前後から仲間に姿勢が正しいか見てもらい、水中で水の抵抗をできるだけ受けないようにしよう。

STEP 1　陸上で形を確認

自分が一本の棒になったようなイメージを持とう。

Point 正面と横から見て一直線に

1. 鏡の前に立ち、ストリームラインの姿勢をつくる。正面と横の2方向から見る。
2. 正面から見たときは、体の中心軸が真っすぐになっているかを確認する。
3. 横からは背中、おなかが真っすぐになっているか、耳を腕ではさむような形がつくれているかをチェックする。

STEP 2　水中で形を確認

人数	1人	回数	15m×4セット
道具	—	時間	10分

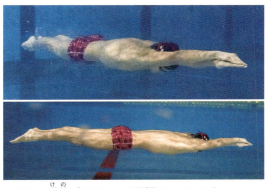

はじめは蹴伸びで12.5mを目標にしてみよう。

Point 陸上で確認した姿勢を維持

1. 陸上で確認したストリームラインを、水中でもできるように練習する。
2. 壁を蹴ったあと、ストリームラインの姿勢のままで息が続く限り進む。
3. プールの壁を蹴って水中を進む蹴伸びで、進む距離が伸びれば伸びるほど、抵抗の少ない姿勢がつくれている証拠。

STEP 3　スタート台から飛び込んで確認

人数	1人	回数	15m×4セット
道具	—	時間	10分

おなかとお尻にしっかり力を入れないと、すぐに足が下がってしまうので気をつけよう。

Point 飛び込んでも姿勢をくずさない

1. スタート台から飛び込み、ストリームラインの姿勢をつくる。
2. 入水してから真下を向くまでの時間を、できるだけ短くする。
3. 壁を蹴ってスタートするよりも、遠くに進めるようにしよう。

02 クロール

泳ぎの基本
クロールの基本フォーム

クロールは、水泳の中で最も速く泳げる泳法だ。また、背泳ぎや平泳ぎ、バタフライでも活用できる泳ぎの基本がつまっているのも、このクロールだ。

クロールのストローク

キャッチ	腕を前に伸ばし、手のひらを下にして、水を「とらえる」ような動作。
プル	腕でとらえた水を引き寄せてかき込む動作。
フィニッシュ	水をかき込んだ腕をうしろに振り抜き、水を押し出して推進力を得る動作。
リカバリー	水をかいた腕を水中から出して、前に戻す動作。

1 ストリームラインでつくった真っすぐな姿勢は、クロールでも活用できる。

2 キャッチで水をとらえるためには、前方への体重移動が必要不可欠。

3 しっかりキックをして、しずみやすい下半身を水面近くにキープする。抵抗の少ない姿勢を維持して泳ごう。

クロールを泳ぐ際にポイントとなるのは3つ。ひとつは前方への体重移動。そして、キャッチでとらえた水をうしろまでしっかりと押し切ることが2つ目。3つ目は体を一直線にし、フラットな姿勢を保つことだ。手が入水するとき、前方に体重をかけることで、力強いキャッチができるようになる。そのキャッチでとらえた水を逃がさず、手をうしろに振り抜くフィニッシュまで押し切れば、高い推進力を生み出せる。この推進力を効率よく使うためには、しずみやすい下半身をキックで水面近くに保持し、水の抵抗が少ないフラットな姿勢をつくることだ。

STEP 1 キャッチアップ

人数	1人	回数	25m×4セット
道具	—	時間	10分

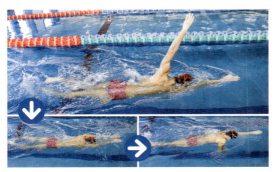

下半身がしずみやすいので、細かいキックでしっかりと水面近くに体を維持しておこう。

Point ひとかきずつ動きを確認

1. クロールで泳ぐ。水をかいてリカバリーしてきた手が入水するまで、もう一方の手は前方で維持。
2. 前で両手が一度合わさってから、水をかき始める。
3. 手の入水時に前方への体重移動を意識する。

STEP 2 水中リカバリー

人数	1人	回数	25m×4セット
道具	—	時間	10分

リカバリー動作がないので、水中で行う「水をとらえてかく」という動作に集中できる。

Point 水をかく動作だけに集中

1. 水中をクロールで泳ぐ。水をかききったら、手を水中で前に持っていく。
2. キャッチ、プル、フィニッシュのストローク動作に集中する。
3. フィニッシュするとき、反対側の腕を前方にしっかり伸ばして、体全体が伸びるようなイメージで泳ぐ。

STEP 3 ストロークドリル

人数	1人	回数	25m×4セット
道具	—	時間	10分

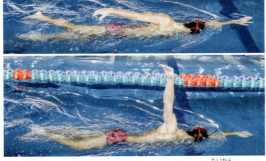

リカバリー時が最も体がしずむ。キックと体幹をしめることで、しっかり体を浮かせておこう。

Point ストロークの動きをチェック

1. クロールの動きをゆっくりと行う。
2. 体がしずみやすいので、キックと体幹をしめることでしっかりと姿勢を保持するのがコツ。
3. 25mを4〜6ストローク（片方の手が1ストローク）くらいで泳ぐのが目安。

第1章 基本技術と練習メニュー

03 クロール

水をとらえる
クロールのストローク

推進力を生み出すストローク。特にストロークの最初に行うキャッチで水をとらえ、最後のフィニッシュで水を押し切る。このふたつが大事なポイントだ。

1 キャッチのときは、ひじから指先までで面をつくるイメージで水をとらえよう。

2 特にキャッチで水をとらえることが、効率よく高い推進力を生み出すストロークにつながる。

3 その水をうしろに押し出すフィニッシュ動作で、さらに推進力を得る。

ひじを上に向けて立てるようにして水をかく

キャッチで多くの水をとらえ、その水を逃がさないようにフィニッシュでうしろに押し切ることが、推進力を得られる効率のよいストロークだ。キャッチでは手のひらだけではなく、ひじを立てて前腕でも水をとらえるイメージを持つ。とらえた水を逃がさずにフィニッシュするコツは、キャッチからフィニッシュまで、徐々に手のスピードを上げていくこと。最後まで同じスピードで手を動かすのはよくない。

キャッチで水をとらえること、フィニッシュでうしろに水を押すこと、そして、このふたつをつなげることの3つに分けて練習していこう。

STEP 1　キャッチドリル

人数	1人	回数	25m×4セット
道具	—	時間	10分

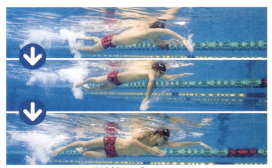

キャッチのときに肩甲骨を伸ばし、遠くの水をとらえるイメージを持とう。

Point　キャッチ動作を集中して行う

1. 泳ぎながら水中でキャッチの部分を集中して行う。
2. 水をとらえるときは、ひじを上に向けるように立てて、前腕から指先までで面をつくるようにする。また、薬指と小指で水をしっかりとらえる意識を持つ。

STEP 2　フィニッシュドリル

人数	1人	回数	25m×4セット
道具	—	時間	10分

わきが開くと力が入りにくくなる。わきをしめて、最後まで水を押し出す意識を持とう。

Point　水をかききる感覚を覚えよう

1. 泳ぎながらわきをしめ、フィニッシュ動作を集中して行う。
2. 手のひらをできるだけ最後までうしろに向けておく。
3. 真うしろに水を押し出すイメージを持って行う。

STEP 3　片手ストローク

人数	1人	回数	25m×4セット
道具	—	時間	10分

キャッチの動作を集中して行いたいときは、ストロークしない腕を体の横につけ、フィニッシュのときは前に伸ばしておくとよい。

Point　体を安定させたストロークを確認

1. 片方の腕だけでストロークを行う。
2. 水をかかないほうの腕は、前方に伸ばすか、体の横につけた状態で行う。
3. キャッチからフィニッシュまでをつなげて、ひとつの流れる動作にすること。

第1章　基本技術と練習メニュー

04 クロール

体を左右に傾ける
クロールのローリング

クロールは右、左と交互に水をかいて泳ぐ。そのときに行うのが、体を左右に傾けるローリング。このローリングの力もストロークにいかしていこう。

1 体を傾けると腕が伸ばしやすくなり、遠くの水をキャッチできるようになる。

2 ローリングが大きすぎると中心軸がぶれてしまうので、注意しよう。

3 左右同じ大きさでローリングできると、バランスのよい泳ぎができる。

　リカバリーで水面に腕を上げるときに、体を傾ける動作をローリングという。肩への負担を減らすことができ、水中の腕をより遠くに伸ばせる。ストローク動作に合わせて行うローリングは、効率のよい泳ぎのために必要不可欠なテクニックなのだ。

　ローリングの際、腰を動かしすぎると体の中心軸がぶれて、水の抵抗が大きくなってしまうので注意が必要だ。ローリングにストロークがついていくイメージで行うと、体幹（胴体の部分）の力も伝わるので、力強いストロークができるようになる。

STEP 1　腰を安定させる感覚を覚える

体幹に力を入れて腰を安定させると、押されてもこの姿勢を保持できる。

Point　水中で体がぶれないコツ

1. 腰に手を当て、ひざを軽く曲げて立つ。腰を落とした状態で、おなかをへこませるようにして、体幹をしめるイメージで力を入れる。
2. 骨盤を軽く前傾させて安定した姿勢をつくる。腰を中心に体が安定する感覚を養う。

STEP 2　ローリングとストロークのつなぎを確認

腰が開きすぎると力が逃げ、軸もぶれてしまうので注意。体幹も使ったストロークの感覚を確認する。

Point　腰の使い方をマスターしよう

1. 足を前後に開き、体をローリングさせて手を前に伸ばす。その手に力を入れても動かないように、パートナーが押さえる。
2. 腰をローリングさせてからキャッチ動作を行うという順番で、動きを確認する。

STEP 3　ノーブレスで泳ぐ

人数	1人	回数	25m×4セット
道具	—	時間	10分

軸がぶれていないか、全身で水を感じながら泳ごう。

Point　ローリングとストローク

1. 呼吸しないでクロールを泳ぐ。
2. 腰を安定させた状態から、ローリング、キャッチという順番を意識する。
3. ローリングとキャッチをする動作の連係に集中する。

05 クロール

息つぎは小さく
クロールの呼吸動作

クロールの呼吸動作が大きいと、水の抵抗を大きくするだけでなく、余計な体力も使ってしまう。できるだけ小さくすばやく行うのが、息つぎのコツだ。

1 頭頂部が水面に当たるイメージで、頭は横に倒したまま呼吸をしよう。

2 顔を半分だけ水面に出せば十分に呼吸はできる。

3 ローリング動作に合わせて呼吸動作を行うと、頭を大きく動かす必要がなくなる。

クロールの呼吸動作で注意したいのは、頭を動かしすぎないこと。息を吸いたいあまり、頭を持ち上げると体がしずみやすくなり、水の抵抗が大きくなってしまう。

頭頂部が水面に当たるようなイメージで、頭を上げずに横に向けたまま、ローリング動作に合わせてちょっとだけ横を向くだけで、十分に息は吸える。上から見ると、顔が半分だけ水面から見えるような形が理想だ。

誰でも呼吸しやすい向きはある。だが、泳ぎの左右のバランスを考えて、できれば左右両方で呼吸ができるように練習しておこう。

STEP 1 　横向きで泳ぐ

人数	1人	回数	25m×4セット
道具	—	時間	10分

頭の位置に注意するのはもちろん、呼吸したときにどんな景色が見えるのかも確認しておこう。

Point 呼吸動作の形を覚える

1. 片方の手を前に伸ばし、もう片方の手は体の横につけたままバタ足で泳ぐ。
2. 顔を半分だけ水面から出すようにしながら行う。
3. 頭頂部に水が当たるように意識しよう。

STEP 2 　左右での呼吸

人数	1人	回数	25m×4セット
道具	—	時間	10分

右と左で、呼吸動作が変わらないように気をつけて練習しよう。

Point 呼吸で泳ぎのバランスをとる

1. クロールで泳ぎ、左右で呼吸を行う。
2. 3ストロークごとに1回呼吸をすれば、左右バランスよく呼吸できる。
3. 泳ぎのバランスを考えて、左右どちらでも同じような動作で呼吸できるように練習する。

STEP 3 　スローリカバリー

人数	1人	回数	25m×4セット
道具	—	時間	10分

リカバリーに力が入ると、息を吸うときにも力みが生まれてしまう。呼吸動作と一緒に行うリカバリーは、リラックスが基本だ。

Point 呼吸してもしずまない泳ぎ

1. クロールで泳ぎ、リカバリー動作をゆっくりとリラックスしながら行う。
2. ローリングを使い、ひじから指先まで力を抜いて行う。
3. 呼吸動作を入れても体がしずまないように注意しよう。

キックで推進力を生む
クロールのキック

キックにはストロークほどの推進力はないが、体を浮かしたり、安定させたりするためには必要だ。コンビネーションにつながるキックを身につけよう。

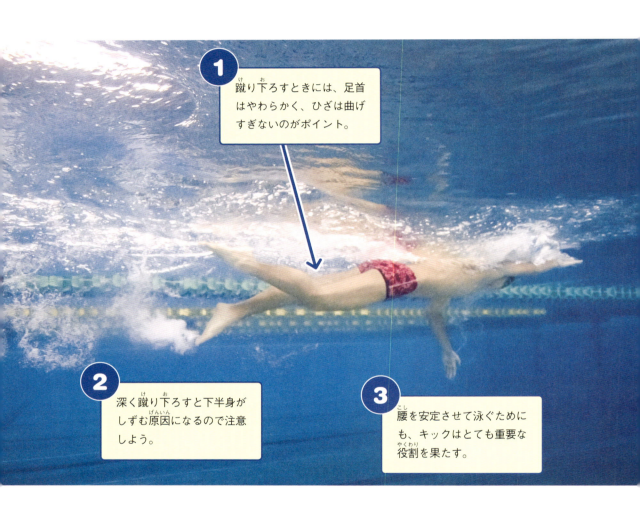

1 蹴り下ろすときには、足首はやわらかく、ひざは曲げすぎないのがポイント。

2 深く蹴り下ろすと下半身がしずむ原因になるので注意しよう。

3 腰を安定させて泳ぐためにも、キックはとても重要な役割を果たす。

　クロールのキック、いわゆるバタ足のポイントは細かく速く打つこと。キックは水中で体を安定させたり、しずみやすい下半身を浮かせたりと、コンビネーションにとって非常に大切な役割を果たしている。細かく速く打つといっても、力んでいたら効果はない。ひざは曲げすぎず、足首をやわらかく使い、足のつけ根から動かすイメージだ。コツは蹴り下ろしだけではなく、蹴り上げ動作にも注意すること。ひざを曲げずにお尻をしめ、太ももの裏側の筋肉であるハムストリングスを使って、ひざの裏側から足を持ち上げるように行ってみよう。

STEP 1　大きくゆっくりとキックを打つ

人数	1人	回数	25m×4セット
道具	ビート板	時間	10分

股関節を大きく開くことを意識しよう。お尻がしずまないように注意すること。

Point　わざと大きくやわらかく打つ

1. ビート板を持ち、足を上下に大きく動かしてキックする。
2. まずは足を大きくゆっくり動かし、やわらかく足を使うイメージを養う。
3. 進まなくてもよいので、下にしっかりと蹴り下ろす。

STEP 2　小さく速くキックを打つ

人数	1人	回数	25m×4セット
道具	ビート板	時間	10分

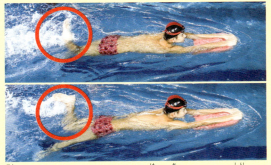

水面を蹴るのではなく、水面ギリギリの水中で足を動かそう。

Point　やわらかさを忘れずに

1. ビート板を持って、小さくすばやくキックを打つ。
2. ひざは軽く曲げる程度で、足のつけ根から足を動かす。
3. おなかをへこませるようにして体幹をしめ、腰を安定させて行う。

NO Good！　やってはいけないキック動作

腰もしずみやすくなるので、蹴り上げ動作はお尻をしめてハムストリングスを使う意識が大切だ。

Point　抵抗が増えて進まないキック

1. ひざを曲げて、かかとを持ち上げるようなキックはしないようにする。
2. かかとが水面から出ると、ふくらはぎで水の抵抗を大きく受けてしまう。
3. かかとが水面から出ると、水面をたたくキックになるので、推進力も生み出せない。

第1章　基本技術と練習メニュー

07 バタフライ

プルとキックのタイミングを合わせる
バタフライの基本フォーム

両手と両足を同時に動かし、水面を飛ぶようにしてダイナミックに泳ぐバタフライ。水をかくプルと両足で水を蹴るキックのタイミングが大きなポイントだ。

バタフライのストローク

キャッチ	両腕を前に伸ばし、手のひらを下にして、水を「とらえる」ような動作。
プル	両腕でとらえた水を引き寄せてかき込む動作。
フィニッシュ	水をかき込んだ両腕をうしろに振り抜き、水を押し出して推進力を得る動作。
リカバリー	水をかいた両腕を水中から出して、前に戻す動作。

1 プルとキックのタイミングを合わせてリズミカルに泳げば、誰でも楽に泳げる。

2 両手と両足を同時に動かすため、リズムと体重移動がポイントになる。

　バタフライを速く泳ぐ大事なポイントは、プルと両足で水を蹴るキックのタイミングを合わせることだ。キックは1回のストロークで2回打つ。第1キックは手が入水して、プルから前方に体重移動するところで打つ。第2キックはフィニッシュ動作に合わせて打ち、高い推進力を生み出す。このふたつのタイミングが合えば、大きな力は必要なく、スムーズに泳ぐことができる。

　ストローク動作は、ひじを立てて水をとらえ、フィニッシュでうしろに押し出す。それを両手同時に行う。

STEP 1　キャッチと第1キックのタイミング

人数	1人	回数	25m×4セット
道具	―	時間	10分

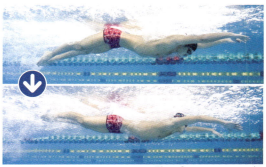

体が大きくうねるところだが、腰が反らないように体幹部分はしっかりとしめておこう。

Point 体重移動のタイミング

1. 手が入水して、プルするタイミングに合わせて第1キックを打つ。
2. 1のときに前方への体重移動を行う。
3. このタイミングが合っていれば、力強いキャッチができる。

STEP 2　フィニッシュと第2キックのタイミング

人数	1人	回数	25m×4セット
道具	―	時間	10分

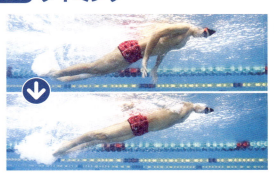

第2キックでひざを曲げすぎると、下半身がしずむので注意しよう。

Point 前方に飛び出す意識を持とう

1. 水をかくフィニッシュ動作と、キックを打つ動作を同時に行う。
2. このタイミングが合うと、前方に飛び出すような高い推進力が得られる。
3. 上ではなく、真っすぐ前に進む意識を持とう。

STEP 3　水中リカバリー

人数	1人	回数	25m×4セット
道具	―	時間	10分

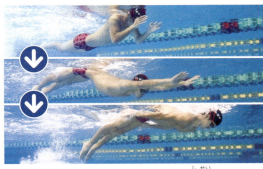

第2キックを打ったあと、気をつけの姿勢でしばらく進んでから、手を前に戻そう。

Point ストローク動作だけに集中

1. フィニッシュのあと、手を水中に入れたまま前に戻す。
2. キャッチと第1キック、フィニッシュと第2キックのタイミングを合わせる。
3. このふたつのタイミングだけに集中して行う。

08 バタフライ

体幹をしめて打つ
バタフライのキック

両足を同時に蹴り下ろすバタフライのキックは、バタ足よりも高い推進力を生み出す。コツはおなかをへこませて体幹をしめて打つことだ。

1 蹴り下ろすときにはひざを曲げすぎないように気をつける。

2 足首をやわらかく、水をうしろに押し出すイメージでキックを打つ。

3 蹴り上げるときには、ひざの裏側からあし全体を持ち上げるようにしよう。

　バタフライのキックはひざを曲げすぎず、やわらかく小さな幅で打つこと。ただし、両足を同時に動かすので体全体がうねりやすい。小さなうねりはよいが、キックを打ち下ろしたあとに上半身が必要以上に上下してしまうと、推進力が半減するので注意しよう。

　蹴り下ろすときは、うしろに水を押し出すイメージを持とう。蹴り上げ動作ではお尻をしめて、ひざ裏から足全体を持ち上げるような意識で行うとよい。体のうねりを小さくおさえ、上半身はあまり動かないようにキックを打つのがコツだ。

STEP 1 ビート板キック

人数	1人	回数	25m×4セット
道具	—	時間	10分

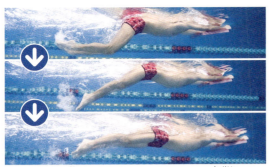

1回キックを蹴ったら、一度、真っすぐな姿勢をつくるようにするとよい。水面は蹴らないように注意。

Point 体を浮かせて動作を確認

1. ビート板を持ってバタフライのキックを打つ。
2. 蹴り下ろしたときに、お尻が必要以上に水面から出ないように注意する。
3. 蹴り上げ動作は、お尻をしめて、ひざ裏から足全体を持ち上げる。

STEP 2 水中キック

人数	1人	回数	25m×4セット
道具	—	時間	10分

ストリームラインの姿勢をしっかりと意識する。

Point 飛び込みやターンでも使える

1. 水中でストリームラインの姿勢をつくり、バタフライのキックを打つ。
2. 上半身、特に胸から指先まではうねらず、真っすぐな状態を保つ。
3. キックのふり幅が大きくなりすぎないように注意しよう。

NO Good! やってはいけないバタフライのキック

腰が反りすぎると、故障の原因になるので気をつけよう。

Point 進まないし体力も使ってしまう

1. ひざを曲げて、かかとを持ち上げるようなキックはしないようにする。
2. 足を水面に出すと、水面ばかり蹴ってしまうようになって、十分な推進力が生み出せない。
3. 足を立てると、ふくらはぎにも大きな抵抗を受けることになってしまう。

第1章 基本技術と練習メニュー

09 バタフライ

ムダな力を使わない
バタフライのストローク

両手を同時に動かすバタフライでは、クロールよりも力が入りやすく、水もとらえやすい。その分、ムダな力みも出やすくなるので注意が必要だ。

1 キャッチ動作はクロールと同様に、ひじを立てて腕全体で水をとらえる。

2 キャッチした水に体を乗せるように意識すると、前方への体重移動がスムーズになる。

3 第1キックはお尻だけを出さないように、おなかをしめて打とう。

　バタフライのストロークで大きなポイントになるのがキャッチ動作だ。クロールのようにひじを立てて、前腕から指先までで面をつくって水をとらえるが、両腕を同時に行うので、肩に力が入りやすい。また、第1キックとキャッチのタイミングを合わせないと、前方への体重移動ができなくなる。体重移動を使って、キャッチでとらえた水に体を乗せていくように泳ごう。

　第1キックと同時に前方へ伸びながら遠くの水をとらえるとき、深いところの水をキャッチすると体がしずんでしまう。水面近くの水をとらえるように意識しよう。

STEP 1 キャッチドリル

人数	1人	回数	25m×4セット
道具	—	時間	10分

第1キックとキャッチのタイミングと、前方への体重移動の感覚をつかもう。

Point 水をとらえながらキックする

1. 第1キックを打つと同時に、手を少し外側に広げながら前に伸ばして、水をとらえる準備をする。
2. キックの打ち終わりと同時にひじを立てて、水をキャッチする。
3. キャッチ動作だけを行い、手をすぐに水中で前に戻す。

STEP 2 片手ドリル

人数	1人	回数	25m×4セット
道具	—	時間	10分

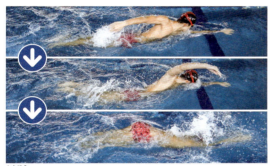

片方の手だけで行うと体が安定するので、ストローク動作に集中して練習できる。

Point 体を安定させたストローク

1. 片方の手を前に伸ばしたまま、もう片方の手でストロークを行う。
2. 第1キックとキャッチ、第2キックとフィニッシュのタイミングに注意する。
3. バタフライで手と足の動作を合わせて泳ぐコンビネーションに近づけるために、呼吸は前を向いて行う。

STEP 3 4K1P(フォーキック・ワンプル)

人数	1人	回数	25m×4セット
道具	—	時間	10分

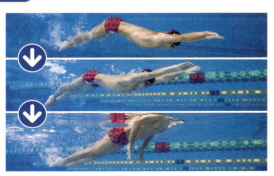

ストロークの間にキックだけの動作をはさむと、落ち着いてプルとキックのタイミングを合わせられる。

Point プルとキックを合わせる

1. 水中で2回キックを打つ。
2. 3回目のキックとキャッチ動作を合わせて、ストロークを開始する。
3. 4回目のキックとフィニッシュを合わせる。

第1章 基本技術と練習メニュー

10 バタフライ

体の浮き上がりを使う
バタフライの息つぎ

バタフライの呼吸動作は、第2キックとフィニッシュのあと、体が浮き上がったところで前向きに行う。呼吸も、スムーズに泳ぐ大きなポイントになる。

1. 体を起こさず、水面の近くをすべるようなイメージを持つと、呼吸をするときもよい姿勢を保って泳げる。

2. 目線は前を見るのではなく、少し前方の水面を見るように意識してみよう。

3. あごが水面をすべるような、低い位置での呼吸を心がけよう。

　バタフライの呼吸動作で最も難しいのは、体を起こさないようにすることだ。あごを上げすぎると呼吸動作時に体が立ってしまい、水の抵抗を大きく受けてしまう。できるだけ低く、水面の近くで呼吸するのが大切だ。

　第2キックとフィニッシュのタイミングに合わせて、あごを前に出しすぎないように注意しながら、前を向くようにして顔を上げるのが、呼吸動作の基本。目線は少し前方の水面を見ると、あごが上がりすぎず、前方に飛び出すような呼吸動作ができる。また、あごが水面をすべるくらい低い位置で呼吸ができるとベスト。

STEP 1　2回に1回呼吸して泳ぐ

人数	1人	回数	25m×4セット
道具	—	時間	10分

ある程度スピードを上げて行うと、レースに近い感覚でトレーニングできる。

Point　呼吸に関係なく同じフォーム

1. バタフライで泳ぐ。2回のストロークごとに、1回呼吸する。
2. 呼吸をしていないときの姿勢と、呼吸をしたときの姿勢があまり変わらないのがベスト。
3. 呼吸しないときのフォームを特に意識して泳ぐ。

STEP 2　毎回呼吸して泳ぐ

人数	1人	回数	25m×4セット
道具	—	時間	10分

顔を上げるのではなく、前に出すような意識を持つと低い姿勢で呼吸ができる。

Point　回数を増やして呼吸動作の練習

1. バタフライで手と足の動作を合わせて泳ぐコンビネーションで、毎回呼吸する。
2. あごが水面をすべるように意識して呼吸する。
3. 目線を上げすぎないように注意しよう。

NO Good !　やってはいけない呼吸動作

「息を吸いたい」という意識が強いと、あごが上がりやすくなるので注意しよう。

Point　腰痛にもつながるので注意

1. あごが上がり、体が起き上がってしまう呼吸動作はしないようにする。
2. 前を見ようとすると、あごが上がりやすくなる。
3. あごを上げると腰も反ってしまうので、故障の原因にもなる。

第1章　基本技術と練習メニュー

11 平泳ぎ

基本姿勢が大事な泳法
平泳ぎの基本フォーム

平泳ぎは、水の抵抗が最も大きく、速く泳ぐにはストリームラインが大事。手足を組み合わせて泳ぐコンビネーションとストリームラインを合わせよう。

1 4種目の中でも、平泳ぎは水の抵抗を大きく受ける。抵抗を減らすことが、レベルアップにつながる。

2 水をかき終わって、手を前に出すリカバリー動作のタイミングに合わせてキックを蹴り始める。

3 プルとキックのタイミングと水中姿勢が平泳ぎの大きなポイントだ。

平泳ぎのストローク

キャッチ	両腕を左右にゆっくり開きながら、大きく水をとらえる動作。
プル	水を胸の前にかき込み始める動作。
フィニッシュ	わきをしめて腕の動きを加速させ、水をかき込む動作。
リカバリー	水をかいた両腕を前に戻す動作。

　平泳ぎには大きなポイントがふたつある。ひとつ目は、プルとキックのタイミング。胸の前でかき終わり、リカバリーで腕を前に伸ばすタイミングで、キックを蹴り出す。プル動作が終わったと同時にキックの蹴り出しが始まるイメージだ。もうひとつは、ストリームラインの姿勢。キックが終わり、次のストロークを始めるまでの間、ストリームラインの姿勢を維持するタイミングがある。そこで水の抵抗が大きい姿勢だと、大きく減速してしまう。まずはこのふたつを中心に、平泳ぎの基本となるポイントをしっかりと確認しておこう。

STEP 1 陸上でストリームラインの姿勢を確認

体幹を上に伸ばすイメージでしめて、腕で耳をはさむ。

Point 手は重ねない

1. 鏡の前に立ってストリームラインの姿勢をつくり、正面と横から見て、体の中心軸が真っすぐになっているかを確認する。
2. キックの蹴り終わりを意識して行う。
3. 両手の甲側の人差し指と親指をつけるようにすると、抵抗を減らせて次のストローク動作につなげやすい。

STEP 2 腕と足のタイミングを合わせる

人数	1人	回数	25m×4セット
道具	―	時間	10分

タイミングよくキックを打つことで、前方への体重移動を助けてくれる。

Point 腕を前に伸ばしたらキック

1. プルで水をかき終わるまで、下半身は抵抗の少ない真っすぐな状態をキープ。
2. リカバリーを始めるタイミングでキックを蹴り始める。
3. 「ひじを伸ばすときに蹴る」という意識を持つと、タイミングが合いやすい。

STEP 3 スクロールとキックに強弱をつける

人数	1人	回数	25m×4セット
道具	―	時間	10分

ゆっくり行う動作では水をとらえ、すばやく行う動作では水を押す、もしくはかくというイメージだ。

Point 最初はゆっくり、最後は速く

1. ストロークとキックは、どちらも一連の動作の中で、最初はゆっくり、最後は速くするように意識すると、高い推進力を得ることができる。
2. プルでひじを立ててキャッチしたあと、一気に加速させて胸の前まで水をかく。
3. キックは蹴り始めを力強く行う。

第1章 基本技術と練習メニュー

キックで推進力(すいしんりょく)を得る
平泳ぎのキック

平泳ぎは、プルよりもキックで推進力(すいしんりょく)を得る泳ぎ方だ。抵抗(ていこう)の少ない足の引きつけ動作と、水をとらえてうしろに押(お)し出(だ)す蹴(け)り出(だ)し動作を覚えていこう。

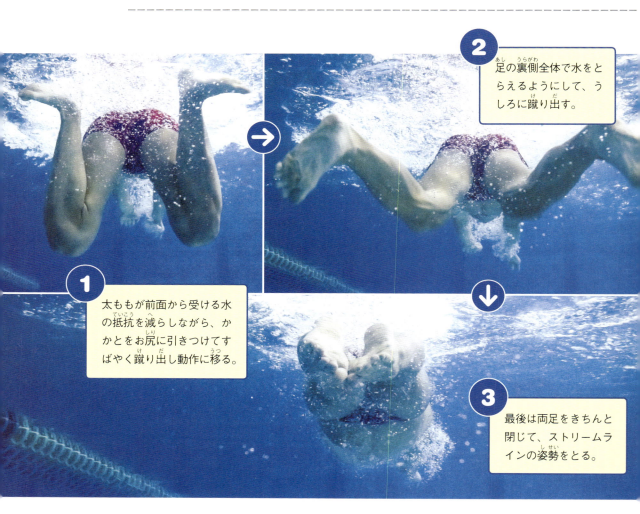

1 太ももが前面から受ける水の抵抗(ていこう)を減(へ)らしながら、かかとをお尻(しり)に引きつけてすばやく蹴(け)り出(だ)し動作に移(うつ)る。

2 足の裏側(うらがわ)全体で水をとらえるようにして、うしろに蹴(け)り出(だ)す。

3 最後は両足をきちんと閉じて、ストリームラインの姿勢(しせい)をとる。

　平泳ぎのキックは、かかとをお尻(しり)に引きつけるようにして、足首を曲げて指先を外側に向けたあと、うしろに水を押(お)し出(だ)すようにして打つ。足を引きつけるときは、極力、前面からの水の抵抗(ていこう)を少なくすることを考え、蹴(け)り出(だ)すときには、できるだけ多くの水を足(あし)の裏側(うらがわ)全体でとらえて、うしろに送り出す意識(いしき)を持とう。

　そして、蹴(け)り出(だ)しで水を押(お)し出(だ)したあとは、最後に両足をしっかり閉じよう。ここで足が少し開いていると水の抵抗(ていこう)が増え、下半身がしずみやすくなる。気を抜(ぬ)かずにつま先までしっかり伸(の)ばそう。

STEP 1 気をつけキック

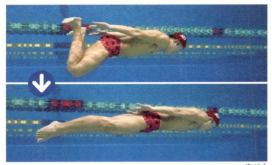

水中で行うと、引きつけるときの動作で足に水の抵抗がどれだけかかるかがわかりやすい。

Point かかとを引きつける

1. 気をつけの姿勢になり、両手の甲をお尻のあたりに置く。
2. 手にかかとが触れるくらいまで足を引きつけて、キックを打つ。
3. 足を引きつけるときに、かかとが左右に広がらないように意識しよう。

STEP 2 背面キック

ひざを気にするあまり、お尻がしずまないように注意しよう。

Point ひざを水面から出さない

1. 太ももで受ける水の抵抗を減らす動作を覚える。
2. 背泳ぎのように、上を向いた状態で平泳ぎのキックを打つ。
3. 足を引きつけるときに、ひざが水面から出すぎないように注意しよう。

STEP 3 片足キック

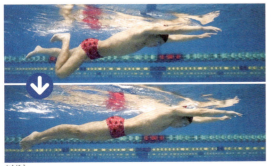

片方の足だけでも、しっかりと水をとらえてうしろに押し出せるように練習しよう。

Point 最後に足を閉じる意識を持つ

1. ストリームラインの姿勢になる。片方の足だけでキックを打ち、キックをしない方の足は真っすぐに伸ばす。
2. 蹴り終わりで足をそろえる意識を持つ。
3. 左右の足で交互に行う。左右の進み具合の違いを感じとりながら、バランスを整えるように意識しよう。

平泳ぎのストローク

リカバリーで水の抵抗を減らす

すべての動きが水中で行われる平泳ぎのストローク動作。キャッチからかき終わりまでは水をしっかりとらえ、リカバリーでは抵抗を減らすよう意識する。

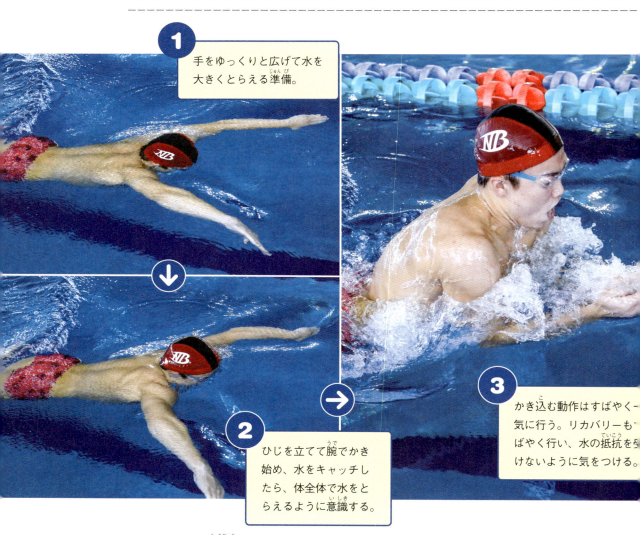

1. 手をゆっくりと広げて水を大きくとらえる準備。
2. ひじを立てて腕でかき始め、水をキャッチしたら、体全体で水をとらえるように意識する。
3. かき込む動作はすばやく一気に行う。リカバリーもすばやく行い、水の抵抗を受けないように気をつける。

平泳ぎのストロークの特徴は、水をうしろに押している時間が短いこと。ひじを立てた腕で水をかき始めて、キャッチをしたあと、わきをしめて胸の前に水をかき込むようにして動かす。このかき込むところで腕の動作を一気に加速させて、推進力を得るのがポイントだ。

リカバリー動作は水中で行うので、水の抵抗を減らせるように、わき、ひじをしめる。また、腕を前に伸ばしたら、そのままストリームラインの形をつくるようにするとよい。キャッチで水をとらえ、かき込みで推進力を得よう。

STEP 1 キャッチドリル

人数	1人	回数	25m×4セット
道具	—	時間	10分

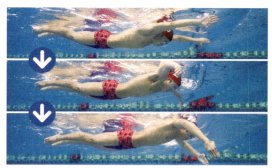

キャッチしたところで、体が上下しないように気をつける。

Point ひじを立てる動きを覚える

1. キャッチの動作だけをくりかえし行う。
2. 手を軽く外に広げていき、ひじを立てて一気に水をとらえる。
3. 肩甲骨（けんこうこつ）を上げるようにすると、ひじが立ちやすくなる。

STEP 2 ノーブレスドリル

人数	1人	回数	25m×4セット
道具	プルブイ	時間	10分

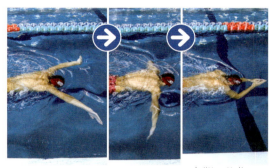

下半身をしずませないで、フラットな姿勢（しせい）を維持（いじ）して行おう。

Point 体を上下させない

1. 足を浮（う）かせるプルブイをつけて、フラットな姿勢（しせい）で頭を上げずにストロークを行う。
2. キャッチのときは、ひじを立てて水をとらえる。特にわきをしめてすばやくかき込（こ）む動作に注意しよう。
3. リカバリーはゆっくり行ってもよい。水を腕全体（うでぜんたい）でとらえるようなイメージで。

STEP 3 2K1P（ツーキック・ワンプル）

人数	1人	回数	25m×4セット
道具	—	時間	10分

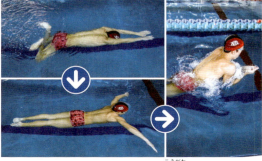

リカバリーが終わったあと、手の甲側（こうがわ）の人差し指と親指をくっつけるストリームラインの形を忘（わす）れずに。

Point プルとキックのタイミング

1. 水中で1回キックだけをしたあと、通常（つうじょう）の動作のタイミングで、プルからのストローク、キックを1回ずつ行う。
2. 間にキックを1回はさむことで、プルとキックのタイミングに集中して練習できる。
3. 水中キックは、ストリームラインに注意。

14 平泳ぎ

体を立てすぎない
平泳ぎの息つぎ

平泳ぎは、ストロークごとに体が浮き上がるので、毎回、呼吸を行うことになる。だからこそ、体を立てすぎず、水の抵抗を受けにくい形を覚えておきたい。

1 水をしっかりとかき込めていれば、自然と上半身が軽く起きる。無理やり体を起こす必要はない。

2 あごは引いて、前方ななめ下、リカバリーする手を見るようにするとよい。

3 息をしっかり吸っておくと、ストリームラインの姿勢をつくったときに体が浮く。

キャッチでひじを立て、水をしっかりとらえてかき込むと、自然と上半身が起き上がる。そこで呼吸を行い、リカバリー動作と同時に体を前に倒して体重移動させていくと、スムーズな息つぎ動作になる。ストロークごとに息つぎはできるが、その際に大切なポイントがふたつある。ひとつは、腰を反って無理やり体を起こさないこと。もうひとつは目線で、上や前を意識的に見ないこと。あごが上がって体が立ち、水の抵抗を受けるばかりか、リカバリーで体を前に倒すタイミングがワンテンポ遅れてしまい、体重移動がうまくいかなくなってしまうからだ。

STEP 1　目線に注意して泳ぐ

人数	1人	回数	25m×4セット
道具	—	時間	10分

リカバリーからキックの蹴り始めで、自分が体重移動しやすい目線の位置を見つけよう。

Point　前方ななめ下の水面を見る

1. 目線の位置に注意して、平泳ぎで泳ぐ。
2. 前方のななめ下、リカバリーで手を伸ばしたところあたりの水面を見るとよい。
3. 目線だけではなく、顔も同じ方向を向けるように意識して行う。

STEP 2　ヘッドアップ

人数	1人	回数	25m×4セット
道具	—	時間	10分

25mを泳ぐなかで、ヘッドアップから徐々に普通の平泳ぎにしていくことで、体重移動の感覚を養おう。

Point　頭をしずめて体重移動を覚える

1. 最初は前を向いたまま、頭をしずめずに平泳ぎで泳ぐ。
2. 少しずつ頭のしずめかたを深くしていきながら、平泳ぎで泳ぐ。
3. 最後は普通の平泳ぎと同じ動作にしていき、体重移動の感覚を身につける。

NO Good!　やってはいけない平泳ぎの呼吸動作

泳ぎながら自分が見える景色を覚えておくと、よいときと悪いときの差がわかりやすい。

Point　あごが上がるとすべて台なし

1. 呼吸時にあごを上げ、腰を反って体を無理やり持ち上げないようにする。
2. あごが上がると前方への体重移動ができず、下半身がしずんで進まない平泳ぎになってしまう。
3. 特に疲れてきたとき、息を吸いたいという意識が強くなったときこそ注意。

第1章　基本技術と練習メニュー

15 背泳ぎ

基本はクロール
背泳ぎの基本フォーム

背泳ぎは4種目の中で唯一、上を向いて泳ぐ泳法だ。泳ぎの基本やタイミング、リズムはクロールと同じ。クロールを思い出して背泳ぎの基本を覚えよう。

背泳ぎのストローク	
キャッチ	ローリングに合わせて、前に出した腕で水を「とらえる」ような動作。
プル	腕でとらえた水を引き寄せてかき込む動作。
フィニッシュ	水をかき込んだ腕をうしろに振り抜き、水を押し出して推進力を得る動作。
リカバリー	水をかいた腕を水中から出して、前に戻す動作。

1 リカバリーした手が、水面に対して垂直になるあたりでキャッチをすると、体重移動しやすい。

2 キャッチのときにしっかりと体をローリングさせると、力強く水をとらえられるし、肩関節の故障を予防できる。

3 おなかとお尻をしめる意識を持っておかないと、クロールよりも下半身がしずみやすい。

背泳ぎの基本はクロールと同じだが、上向きに泳ぐので、腰が落ちて下半身がしずみやすい。体幹（胴体の部分）とお尻をしめてキックを打つことを、特に意識しよう。また、背中側でキャッチ動作を行うため、ローリングをしないと肩関節への負担が大きくなるので注意したい。

効率よく前方への体重移動を行うために、キャッチをするタイミングも重要なポイントだ。

すべてを一度にこなそうとすると、当然どれかがおろそかになる。一つひとつていねいに、反復練習を繰り返し行いながら体に動きを覚え込ませていこう。

STEP 1 ダブルアーム

人数	1人	回数	25m×4セット
道具	—	時間	10分

Point 腕全体で水をとらえる

1. 両手を同時に動かして背泳ぎを泳ぐ。
2. リカバリーのときに、体がしずまないように注意する。
3. キャッチするときにひじを立て、腕全体で水をとらえるように意識しよう。

小指から入水すれば、キャッチ動作につなげやすくなる。

第1章 基本技術と練習メニュー

STEP 2 リカバリーストップ

人数	1人	回数	25m×4セット
道具	—	時間	10分

Point 体重移動を使ってキャッチ

1. リカバリーした手が、水面に対して垂直になるあたりでいったん動きを止める。
2. もう片方の腕は、前方に伸ばした状態をキープしておく。
3. リカバリーを再開すると同時に、もう片方の腕で水をとらえ、キャッチする。

前方への体重移動を意識して練習してみよう。

STEP 3 腕と足のタイミングを合わせる

人数	1人	回数	25m×4セット
道具	—	時間	10分

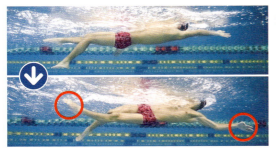

Point 入水とキャッチでリズムをとる

1. ポイントは手の入水とそのあとのキャッチ。入水時には、入水した手と反対側の足でキックする。
2. キャッチし始めるときには、キャッチしている腕と同じ側の足でキックする。
3. 反対側も同じように、タイミングに注意して泳ぐ。

入水時にはローリングを始めやすい姿勢をとり、キックと体幹の力を使えるようになるタイミングでキャッチする。

16 背泳ぎ

入水とキャッチに注意
背泳ぎのストローク

最も注意したいポイントは、入水とキャッチだ。特に入水位置がずれると、そのあとのキャッチをふくめた泳ぎ全体に影響が出るので気をつけたい。

1 ローリングが入るから、楽に力強くキャッチができる。

2 肩の前方を目がけて、腕を真っすぐにして小指から入水しよう。

3 呼吸はどちらか片方の腕がリカバリーするタイミングに合わせ、リズムよく行うのがコツ。

背泳ぎのキャッチ動作は背中側で行っているように見えるが、ローリングが入っているので、実際は体の横から前側で行われている。力強く水をとらえるためにも、肩関節への負担を減らす意味でも、背泳ぎにはローリングが必要不可欠だ。背泳ぎのストロークでは、小指から入水する。肩の前方を目がけて腕を動かそう。この手が内側に入りすぎると、ローリングがしにくくなり、キャッチまでにムダが増えて悪循環になる。また、上向きだからといっていつでも息を吸ってよいわけではない。ストロークに合わせてリズムよく呼吸しよう。

STEP 1 キャッチドリル

人数	1人	回数	25m×4セット
道具	—	時間	10分

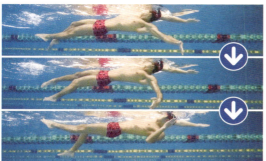

キャッチ動作の際、背中が反らないように体幹をしっかりしめておこう。

Point ローリングで水をとらえる

1. 左右交互にキャッチ動作だけをくりかえす。
2. 体をローリングさせながら水をとらえ、ひじを曲げずに立てるという流れを意識する。
3. 体が上下にゆれたり、左右にぶれたりしないように注意しよう。

STEP 2 片手ドリル

人数	1人	回数	25m×4セット
道具	—	時間	10分

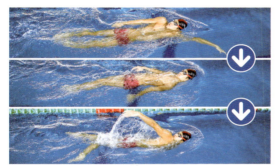

ストロークしないほうの肩が、ローリングのたびに水面から出るようにして行うとよい。

Point ローリングを意識して行う

1. 片方の手は体の横にそえておき、もう片方の手でストロークを行う。
2. ①小指から入水する、②ローリングをしてキャッチする、③その水を最後までしっかり押し切るの3つを意識しよう。
3. 特にローリングとストロークの連動に注意して、左右それぞれ行う。

NO Good！ やってはいけない背泳ぎ

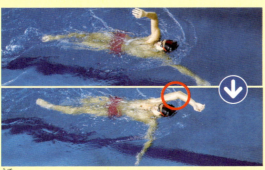

腕はリラックスさせるが、ひじが曲がるとストロークへの悪影響が大きいので要注意。

Point 入水位置に注意

1. リカバリーでは入水位置が内側に入りすぎてはいけない。体が左右にぶれて、ローリングがしにくくなり、キャッチ動作までにムダが生じるという悪循環になるからだ。
2. フィニッシュしたら、ひじをしっかり伸ばしたままでリカバリーを行うこと。

第1章　基本技術と練習メニュー

17 背泳ぎ

大事なのはローリング
背泳ぎのローリング

背泳ぎでは、肩関節の故障予防もふめてローリングが非常に重要。ローリングに合わせたストロークやキックのポイントを確認しよう。

1 入水してキャッチをするところで、腰を先導させている。ストロークに合わせてローリングの左右を切り替えていこう。

2 ひじが体のラインより背中側にいかないようにするためにも、ローリングは必須。

3 ローリングをして体が傾きすぎたり、の位置が左右にりしないように

　ひじが体のラインよりも背中側にいってしまうと、力が入りにくく、肩関節の故障にもつながる。これを防ぐため、背泳ぎではローリングが重要だ。また、ローリングの左右を切り替えるタイミングも大事だ。キャッチで水をとらえ、かき始めるプル、水を押し出すフィニッシュへと移行したら、ローリングにストロークがついていくイメージで左右を切り替える。そうすると、体幹（胴体の部分）の力も使えるので、力強いストロークができるようになる。

　ただし、ローリングしすぎると、体が傾きすぎたり、頭の位置がぶれたりするので注意する。

STEP 1 姿勢の保ち方を確認

ローリングとストロークの連動を陸上で覚えさせておこう。

Point 腰が先導する動きをチェック

1. 陸上に立ち、キャッチの位置で、パートナーに手を持ってもらう。
2. 腰を先導させて、それに腕がついていくようにしてプル動作を行う。
3. 左右それぞれ行って、感覚をつかむ。

STEP 2 キャッチの位置を確認

人数	1人	回数	25m×4セット
道具	―	時間	10分

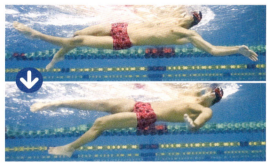

キャッチ動作から、体がどのようにローリングしていくかを体で覚えよう。

Point 体がななめの状態でキャッチ

1. ローリングをしながらキャッチ動作をする。
2. しっかりローリングをしていれば、体が傾いた状態のときにキャッチが行える。
3. キャッチからプルに移行していくと、体の傾きも徐々に水平に近づいていく。

STEP 3 ローリングに合わせたキックの打ち方

人数	1人	回数	25m×4セット
道具	―	時間	10分

キックが大きいと体もぶれやすい。できるだけ細かく打つように心がけて。

Point 内側に向けて打つイメージ

1. ローリングで体が左右にぶれるのをキックでおさえる。
2. 体の傾きのままキックするのではなく、内側にしぼり込むようにしてキックする。
3. 動きとしては、常に真上に向かってキックを打つ意識を持つとよい。

第1章 基本技術と練習メニュー

18 背泳ぎ

蹴り下ろしに気をつける
背泳ぎのキック

仰向けで打つキックは、足の甲で打つ蹴り上げも大切だが、蹴り下ろしにも気をつけたい。コツはひざの使い方とおなかをへこませて体幹をしめることだ。

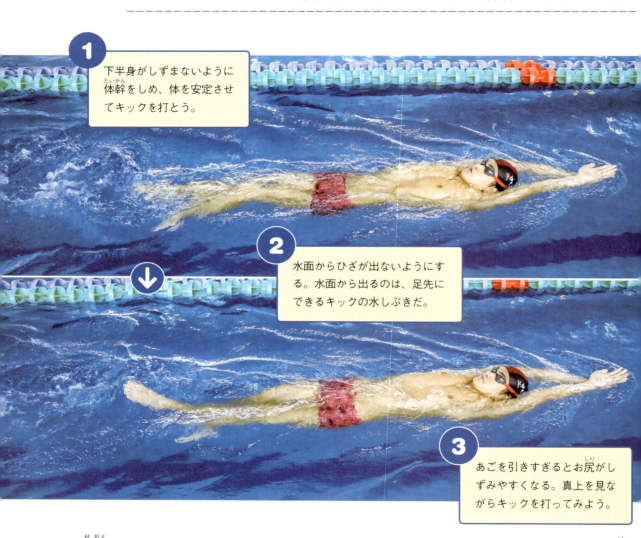

1 下半身がしずまないように体幹をしめ、体を安定させてキックを打とう。

2 水面からひざが出ないようにする。水面から出るのは、足先にできるキックの水しぶきだ。

3 あごを引きすぎるとお尻がしずみやすくなる。真上を見ながらキックを打ってみよう。

　背泳ぎの下半身がしずみやすい理由のひとつに、キックの方向がある。キックは足の甲で水を蹴るときによく進むが、背泳ぎの場合は蹴り上げの方向になるので、下半身をしずめる方向に対してキックを打つことになる。

　体をしずませないポイントは、ひざを水面に出さずに水を後方に送り出すイメージで水を蹴ること。ひざが水面から出ると、お尻が引けて姿勢が悪くなる。しっかりと体幹をしめて、体を安定させた状態を保ちながら、足のつけ根から足全体を動かし、足首をやわらかく使ってキックを打つように心がけよう。

STEP 1 キックの打ち方を確認

人数	1人	回数	25m×4セット
道具	—	時間	10分

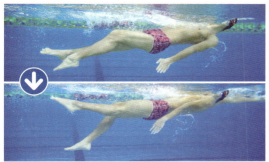

蹴り下ろすという意識をあまり持たないほうが、スムーズなキックが打てる。

Point ひざは水面から出さない

1. ひざが水面から出ないように意識しながら、水をうしろに送り出すようにしてキックする。
2. 蹴り終わりのタイミングで、足を水面に対して水平にする。
3. ひざを曲げすぎず、足全体でキックを打つように心がける。

STEP 2 バサロキック

人数	1人	回数	25m×4セット
道具	—	時間	10分

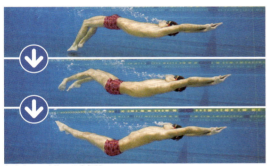

体幹とお尻を意識的にしめておくと、上半身がぶれにくくなる。

Point 胸から上は動かさない

1. スタートやターンのあとに使うバサロキックを行う。胸から上を動かさないのがポイント。
2. バタフライのキックと同じ動きだが、上向きで行うと腰が反りやすいので注意する。
3. キックは大きくせず、足先が体よりも上下に出すぎないように気をつけよう。

STEP 3 サイドキック

人数	1人	回数	25m×4セット
道具	—	時間	10分

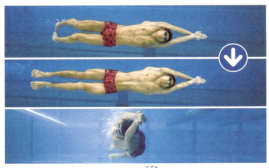

水中で真横を向いて泳ぐのが難しければ、最初は水面で行ってもOK。

Point 真っすぐ進めているかチェック

1. 水中で真横を向いてバサロキックを打つ。
2. 蹴り下ろし、蹴り上げ動作のバランスがとれていれば、真っすぐ進む。
3. キックは大きくせず、足先が左右に行きすぎないように気をつけよう。

第1章 基本技術と練習メニュー

19 飛び込み

足を前後に構える
トラックスタート

バックプレートがスタート台に設置されて以来、スタート台の上で足を前後に開いて構えるトラックスタートが主流になった。その基本を見ていこう。

※飛び込みはケガをする危険があります。ひとりでは行わず、必ず指導者のもとで行ってください。

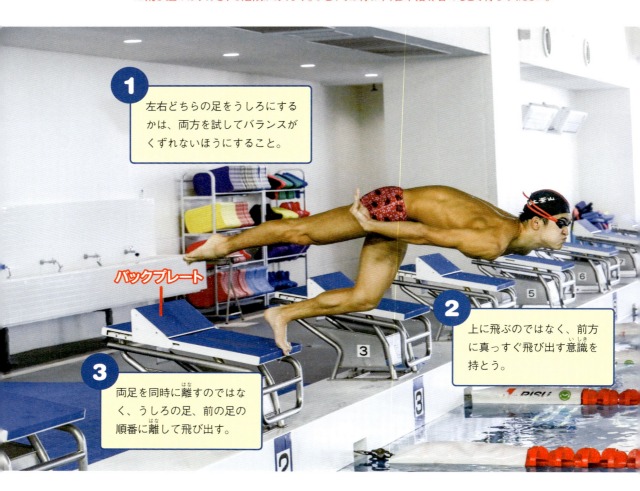

1 左右どちらの足をうしろにするかは、両方を試してバランスがくずれないほうにすること。

バックプレート

2 上に飛ぶのではなく、前方に真っすぐ飛び出す意識を持とう。

3 両足を同時に離すのではなく、うしろの足、前の足の順番に離して飛び出す。

　スタート台の上で足を前後に開いて構え、飛び出すように飛び込むのがトラックスタート（クラウチングスタート）だ。両足をそろえて飛び込むよりも、すばやく飛び出せるのが特徴だ。バックプレートのついたスタート台であれば、そこに力強さも加えることができる。左右どちらの足をうしろに引くかは、両方のパターンを試してみて、体がぐらつかず、真っすぐ飛び出せるほうを自分で選ぼう。

　特にバックプレートがある場合は、上ではなく、前方に飛び出す意識を持とう。そのほうが飛び込みの勢いを水中動作につなげられる。

STEP 1　構え方

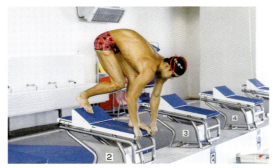

バックプレートからかかとを出しておくほうが、力強く蹴り出せる。

Point　ひざの角度と体の位置

1. 足を前後に開き、顔がスタート台から出るくらいの位置で構える。
2. 前の足は軽く、うしろの足は90度くらいひざが曲がる角度で構えられるように調整する。
3. ひじは軽く曲げてリラックスしておくと、反応よく飛び出せる。

STEP 2　飛び込みから着水

人数	1人	回数	25m×4セット
道具	—	時間	10分

ひざが曲がることが多いので、足先まで真っすぐ伸ばすように意識する。

Point　体を真っすぐにして入水

1. 腕の力も使って体を前方に体重移動させて飛び込む。
2. うしろの足、前の足の順番でスタート台を強く蹴る。
3. 空中でストリームラインの姿勢をつくり、必ず体を真っすぐな状態にして入水する。

STEP 3　入水してからの水中動作

人数	1人	回数	25m×4セット
道具	—	時間	10分

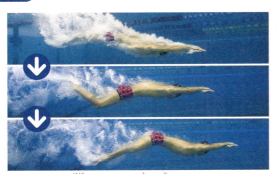

水中キックの幅が大きいと飛び込んだ勢いをなくしてしまうので、細かく速く打つように心がけよう。

Point　入水したら体を水平に

1. 飛び込みの勢いをいかすためにも、入水後はすぐに体を水平にして、水の抵抗を減らす。
2. 水中キックは、入水した直後から打つのではなく、ワンテンポ置くとよい。
3. 飛び込んだときの勢いをなくさないような水中キックを練習する。

第1章　基本技術と練習メニュー

20 スタート

グリップを握る
背泳ぎの構え方

スタート台にあるグリップを握り、うしろ向きに飛び出す背泳ぎのスタート。すばやく飛び出せる構え方を知って、きれいに入水するコツを学んでいこう。

※飛び込みはケガをする危険があります。ひとりでは行わず、必ず指導者のもとで行ってください。

1 背すじを伸ばして構えると、すばやく飛び出せる。

2 頭を先導させて、真うしろに飛ぶように意識する。

3 グリップから手を離したら、すぐにストリームラインの姿勢をつくれるように、勢いよく手をうしろに持っていこう。

うしろ向きに飛び出す背泳ぎのスタートは、構え方と飛び出し方が大きなポイントだ。「テイク・ユア・マーク」で体を引きつけるとき、背中を丸めるようにして構えてしまうと、飛び出すまでに時間がかかる。さらには、足をすべらせてしまうことにもなるので、背すじを伸ばした状態で構えよう。

飛び出すときは、できるだけ真うしろに飛び出すようにする。上に飛ぼうとすると足をすべらせやすい。頭を先導させてグリップから手を離し、放り投げるように勢いよく手をうしろに持っていくと、真うしろに向けて飛び出せる。

STEP 1　構え方

グリップの握り方は、自分が背すじを伸ばしたまま体を引きつけやすい方法でよい。

Point　背中は真っすぐにすること

1. スタート台にあるグリップを握り、体を引きつける。
2. 背中は丸めず、背すじを伸ばした状態で構える。
3. 足の指先が水面に少しだけ出るようにして構えると、うしろに向けて飛び出しやすくなる。

STEP 2　蹴り出しの方法

人数	1人	回数	25m×4セット
道具	—	時間	10分

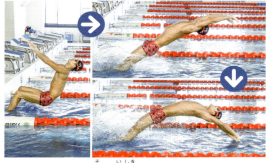

飛び出したら体を反る意識を持つと、指先から入水しやすくなる。

Point　真うしろに向けて飛び出す

1. ななめ上ではなく、真うしろに向けて飛び出すイメージで壁を蹴る。
2. うしろを見るくらいの意識で、頭をうしろに傾ける。
3. グリップから手を離したら、すばやく、勢いよく手をうしろに持っていき、ストリームラインの姿勢をつくる。

STEP 3　入水してからの水中動作

人数	1人	回数	25m×4セット
道具	—	時間	10分

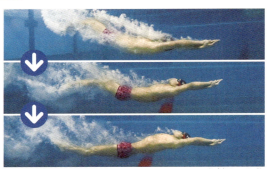

水の抵抗を受けないよう、上半身は水平の状態を維持するように気をつける。

Point　飛び込んだら体を水平に

1. 入水したら、水の抵抗を受けないようにするために、ストリームラインの姿勢ですぐに体を水平にする。
2. 深く入りすぎないように注意しよう。
3. 飛び出した勢いをなくさないように、細かくすばやいバサロキックを打つ。

第1章　基本技術と練習メニュー

21 ターン

回り方と蹴り出し
クイックターン

クロールで折り返しに使う技術が、クイックターン。すばやく折り返し、ムダのないターンができるように、回り方と壁の蹴り出し方のコツを見ていこう。

1 泳いできた勢いをターンの回転につなげよう。

2 体をコンパクトにしてすばやい回転を心がける。

3 真っすぐ泳いでいき、真っすぐ壁を蹴ることが、クイックターンの基本。

　壁の前で180度の半回転をして折り返す、クイックターン。泳いできた勢いを利用して、体を半回転させるのがコツだ。ターンはタイムロスを極力なくすことが大事。真っすぐ泳いでいき、ターンしたあとは真っすぐ蹴り出すことを忘れないようにしよう。

　足を大きく振り上げると円が大きくなってタイムロスになるので、太ももを体に引きつけて、コンパクトに回ろう。回りながら体を横にひねり、横向きで壁に足をつくことができれば、次の蹴り出しからストリームラインがとれて、水中キックを打つまでの時間を短縮できる。

STEP 1　回り方

人数	1人	位置	プール壁面から
時間	10分		15mラインまで

最後のひとかきした腕を反対側の腰のほう（右手なら腰の左側）に持っていくと、回転しながらひねりやすくなる。

Point　体をコンパクトにする

1. 壁の前で止まらず、最後のひとかきの勢いをターンに利用する。
2. 最後のひとかきの動作に合わせて、上半身をひねりながら折り曲げる。
3. 上半身と下半身をできるだけ近づけて、コンパクトに回ることが大切。

STEP 2　蹴り出し方

人数	1人	位置	プール壁面から
時間	10分		15mラインまで

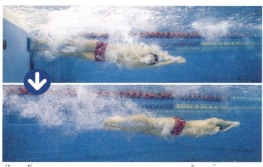

蹴り出してすぐにキックは打たない。飛び込みと同じようにワンテンポ置くとよい。

Point　横向きで蹴り出し、下を向く

1. 壁に足がついた瞬間、すばやく蹴り出す。
2. ひざを90度以上曲げずに足を壁につくのが、すばやく蹴り出すコツ。
3. 蹴り出したら、すぐに真下を向いて水中動作の準備に移る。

NO Good!　やってはいけないクイックターン

ひざが90度以上曲がらないように、壁と体の距離に気をつけてターンしよう。

Point　壁と体の距離に注意

1. すばやく回転し、すばやく蹴り出すことがクイックターンの大切なポイント。
2. 壁に体が近づきすぎて、ひざを90度以上曲げて足をつくと、蹴り出しに時間がかかる。
3. 足が伸びきった状態で壁に足がつくのも、力強く蹴り出せないので注意。

第1章　基本技術と練習メニュー

22 ターン

うつぶせの状態でターン
オーバーロールターン

背泳ぎのターンは、壁に手をつかず、うつぶせの状態で回るオーバーロールターンが主流。回り方はクロールと同じだが、ターンの入り方にコツがある。

1 ターン前の最後のリカバリー動作で、対角線上に腕を動かすとスムーズにうつぶせになれる。

2 うつぶせになったら、クイックターンと同じように、体をコンパクトにしてすばやく回る。

3 体はひねらず、縦回転を意識して回ろう。

背泳ぎで使われるオーバーロールターンの回転から蹴り出しまでの動作は、クイックターンとほぼ同じ。違うのは、回転に入るまでの動作と、蹴り出したあとだ。

背泳ぎで泳いできたら、最後のストロークで顔を横に向けながら、腕を対角線上に(左手なら、右側の肩のほうに)向けてリカバリー動作を行うと、スムーズにうつぶせの状態に移行できる。そこからクイックターンと同じように回転し、仰向けの状態で壁に足がついたらそのまま蹴り出す。クイックターンと違うのは、体を横向きにひねらないこと。縦回転を意識する。

STEP 1 回り方

人数	1人	位置	プール壁面から
時間	10分		15mラインまで

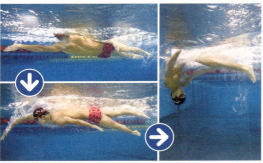

壁と体の距離に注意して、うつぶせになるタイミングをくりかえし練習しておこう。

Point 体はひねらず真っすぐ縦回転

1. 仰向けの状態から、リカバリーの勢いを使って体をうつぶせにする。
2. うつぶせ状態になったら、クロールと同じように太ももを上半身に近づけて、コンパクトに半回転する。
3. 体はひねらず、真っすぐ縦回転を心がけよう。

STEP 2 蹴り出し方

人数	1人	位置	プール壁面から
時間	10分		15mラインまで

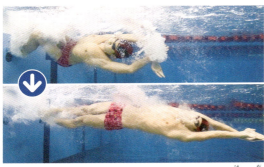

クロールと同じで、真っすぐに入って真っすぐ蹴り出すことを忘れずに。

Point 真っすぐ仰向けで蹴り出す

1. ひざを90度以上曲げすぎない状態で壁に足をつく。
2. 体をひねらずに、仰向けの状態ですばやく蹴り出す。
3. 蹴り出したらストリームラインの姿勢をつくり、バサロキックに備える。

NO Good！ やってはいけないオーバーロールターン

壁との距離が遠いと回転が大きくなり、さらにタイムロスにつながってしまう。

Point 壁との距離感に注意

1. うつぶせになるタイミングが早すぎると、壁に足がつくまでに体が伸びきってしまう。
2. 逆に壁に体が近づきすぎてしまっても、力強く蹴り出せなくなる。
3. うつぶせになるタイミング、回転するタイミングに注意して練習しよう。

第1章 基本技術と練習メニュー

23 ターン

両手で壁にタッチ
タッチターン

両手両足を同時に動かして泳ぐバタフライと平泳ぎでは、タッチターンを使う。両手で壁に手をつき、すばやく体を反転させられるように練習しよう。

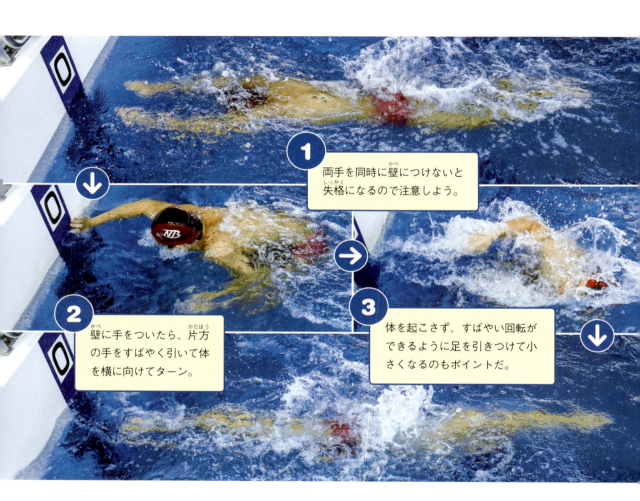

1 両手を同時に壁につけないと失格になるので注意しよう。

2 壁に手をついたら、片方の手をすばやく引いて体を横に向けてターン。

3 体を起こさず、すばやい回転ができるように足を引きつけて小さくなるのもポイントだ。

　壁に両手を同時につき、体を反転させるのがタッチターンだ。手をついた瞬間、すばやく片方の手を引き、体を横に向けるのがポイント。正面を向いたままだと、体全体で水の抵抗を受けてしまうので、すばやくターンすることができないからだ。それと同時に、太ももを体に引きつけて小さくなろう。へそのあたりを中心に、上半身と下半身を入れ替えるようにして体を反転し、壁に足をつけたら力強く蹴り出そう。

　注意点は、横を向いたときに体を起こさないこと。足を体に引きつけて、コンパクトにターンしよう。

STEP 1 タッチのポイント

人数	2人	回数	何回でも
道具	—	時間	20分

次の泳者が安心して飛び出せるように、タッチを合わせるのが前の泳者の役割だ。

Point 腕を伸ばしてタッチしよう

1 どの泳法でも、腕を伸ばした状態でタッチするように意識する。

2 両手でタッチするバタフライ、平泳ぎでは、もし合わないとわかったら、もうひとかきせず、伸びてタッチする。

3 前の泳者は、タッチのタイミングをしっかりと合わせることに集中する。

STEP 2 引きつぎスタートのポイント

人数	2人	回数	何回でも
道具	—	時間	20分

前の泳者を信じて、思い切って飛び出すことが大事。

Point 腕を振った勢いも使う

1 次の泳者は、スタート台で静止しなくてもよいので、腕を振って勢いをつける。

2 リレーではトラックスタート（➡P.52）はせず、両足で力強く飛び出す。

3 前の泳者が、プールの底にかかれたＴ字のあたりを過ぎたくらいで飛び出す構えに入るとちょうどよい。

NO Good! やってはいけない引きつぎ

練習や試合で経験を積んで、引きつぎタイム0秒0を目指そう。

Point マイナス0秒03がキーワード

1 リレーの引きつぎで失格となるのは、前の泳者がタッチする前に、次の泳者が飛び出してしまったときだ。

2 引きつぎタイムがマイナスになると失格。

3 ただし、マイナス0秒03までは失格にならない。

第1章　基本技術と練習メニュー

コラム

25m、50mプールで行う それぞれの練習ポイント

短水路と長水路

Q. プールには短水路（25mプール）と長水路（50mプール）がある。多くの学校やスイミングスクールにあるのは短水路だが、大きな大会で使われる長水路での練習のほうが、実戦的な練習ができるのか？

A. 答えは、**NO**。長水路では長水路の環境、短水路は短水路の環境を生かした練習ができる。

短水路を生かす

例えば、短水路であれば、単純にターンの回数が長水路より増えるので、通常のトレーニング自体が**ターンの練習**になる。そのほかにも、**スピードを上げる練習**や**引きつぎ**といった細かな技術を高めるのにも、短水路は適している。

長水路を生かす

長水路は、1本の練習単位が50mになることが多く、ターンの回数も減る。短水路よりも**泳ぐ距離が自然と長くなる**ので、**体力向上**の練習に適している。また、夏場の試合は長水路で行われることが多いので、レースを想定した**実戦的な練習**に取り組みやすい。

環境を生かす

何より大切なのは、環境をなげくのではなく、**今使える環境をどう使えば効果的なのか**を考え、トレーニングすること。**あたえられた環境を最大限に生かす**方法を考え、精一杯の努力をする。その姿勢こそが、選手としての大切な要素だ。

第2章

試合を想定した実戦・練習メニュー

01 スタート

飛び込みからの浮き上がり①
クロールのスタート

飛び込んだ勢いをなくさない水中動作（水中バタフライキック）を行いながら、スムーズに浮き上がることで、速いスピードを維持したまま泳ぎにつなげよう。

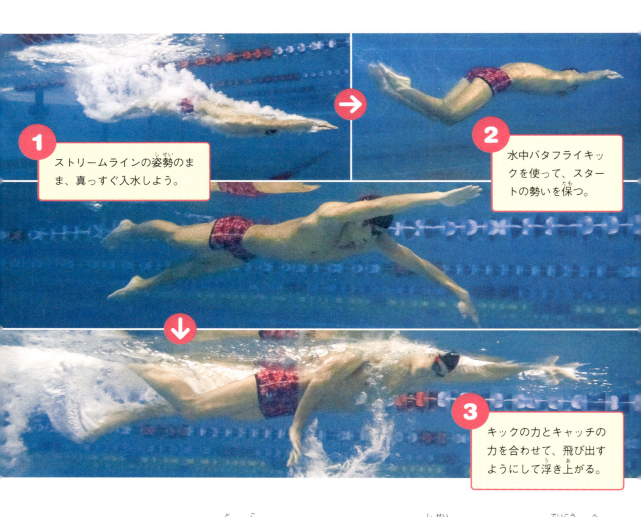

1. ストリームラインの姿勢のまま、真っすぐ入水しよう。
2. 水中バタフライキックを使って、スタートの勢いを保つ。
3. キックの力とキャッチの力を合わせて、飛び出すようにして浮き上がる。

　レースのスタートでは、飛び込んだ勢いをどうやって泳ぎにつなげるかが最も大切だ。水面の1点を目がけて入水すること（1点入水）はもちろんだが、入水時に体が横にずれたり、腰が反ったりしないように注意すること。

　入水後は体をすばやく水平にして、ストリームラインの姿勢で前方からの水の抵抗を減らそう。水中動作（水中バタフライキック）は入水してからすぐに行うよりも、ワンテンポ置いてからのほうが効果的だ。キックのあとのバタ足と、力強いキャッチの力を利用して浮き上がったら泳ぎ始めよう。

STEP 1　水中キックの打ち方

人数	1人	回数	15m×4本
道具	—	時間	10分

Point　バタフライキックを使う

1. 入水したら、ワンテンポ置いてからバタフライキックを打つ。
2. バタフライキックは、上半身を動かさないように注意しながら打つ。
3. キックは、最初は大きく強く、次第に小さくすばやく打つ。

進む意識より、減速しない意識を持とう。

STEP 2　浮き上がり方

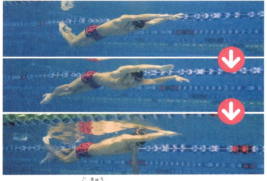

人数	1人	回数	15m×4本
道具	—	時間	10分

Point　スムーズに浮き上がる

1. 浮き上がり始めたらキックをバタ足に変え、少しずつ浮き上がる。
2. バタ足とキャッチのタイミングを合わせて、力強く水面に飛び出す。
3. 水面に出たらクロールで泳ぎ始める。

ひとかき目では呼吸をしないようにする。

STEP 3　浮き上がりのタイミング

人数	1人	回数	15m×4本
道具	—	時間	10分

Point　15mルールを守ろう

1. スタート（ターン）後、水中動作を行えるのは15mまでと決められている。
2. 15mまで潜り続ける必要はなく、自分が最も速く15mを通過できるタイミングで浮き上がる。
3. 水中バタフライキックを何回打って浮き上がれば、15mが最速になるか確認する。

水中動作はスタート後だけではなく、ターン後も行える。

第2章　試合を想定した実戦・練習メニュー

02 スタート

飛び込みからの浮き上がり②
バタフライのスタート

バタフライは、プルとキックのタイミングとリズムが大事。浮き上がってから、スムーズに泳ぎのコンビネーションへとつなげられるように練習しよう。

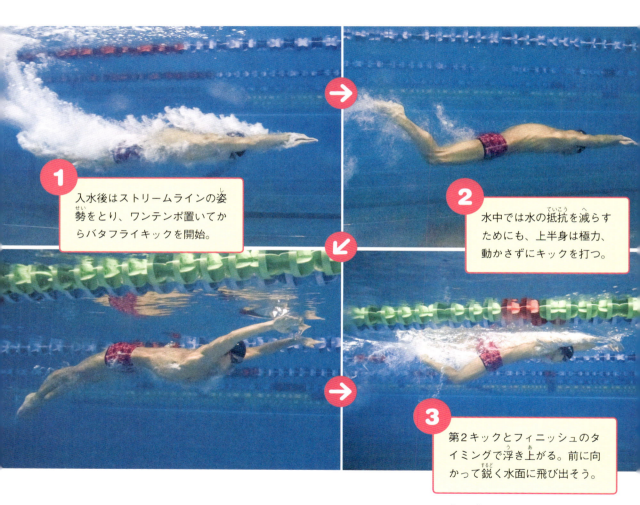

1 入水後はストリームラインの姿勢をとり、ワンテンポ置いてからバタフライキックを開始。

2 水中では水の抵抗を減らすためにも、上半身は極力、動かさずにキックを打つ。

3 第2キックとフィニッシュのタイミングで浮き上がる。前に向かって鋭く水面に飛び出そう。

バタフライのスタートの動きは、クロールとほぼ同じ。飛び込んだ勢いを水中バタフライキックにいかし、水中で第1キックとキャッチのタイミングを合わせる。第2キックと、水を腕でうしろに押し出すフィニッシュを合わせるタイミングで、スムーズに浮き上がろう。

バタフライの浮き上がりは、上に飛び出す意識が強いと、前方から水の抵抗を大きく受ける。通常の泳ぎの動作と同じように、前方に飛び出す意識を持つとよい。ひとかき目で呼吸をすると、浮き上がりの角度が大きくなりやすい。ひとかき目は呼吸をしないこと。

STEP 1 水中キックの打ち方

人数	1人	回数	15m×4本
道具	—	時間	10分

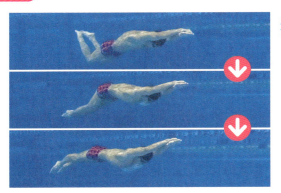

顔は下に向けて、前を見ないように注意する。

Point キックの幅は小さくする

1. 入水したあとは、飛び込んだ勢いをなくさないためにも水中バタフライキックを使う。
2. バタフライキックは、上半身を動かさないように注意しながら打つ。
3. キックは、最初は大きく強く、次第に小さくすばやく打つ。

STEP 2 浮き上がり方

人数	1人	回数	15m×4本
道具	—	時間	10分

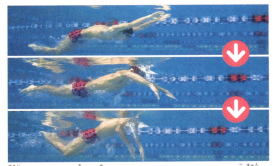

鋭く勢いよく浮き上がるコツは、ひとかき目で呼吸をしないこと。

Point 第2キックとフィニッシュ

1. 体が水面近くまできたら、キャッチ動作を始める。
2. 第2キックとフィニッシュのタイミングで、水面に飛び出す。
3. 頭が上がりすぎたり、足が下がりすぎたりすると、水の抵抗を受けやすくなるので注意しよう。

STEP 3 浮き上がりのタイミング

人数	1人	回数	15m×4本
道具	—	時間	10分

15mで最も速いタイムを出せる浮き上がりのタイミングを見つけておこう。

Point キックの回数を確認

1. スタート（ターン）後、水中動作を行えるのは15mまでと決められている。
2. 15mまで潜り続ける必要はなく、自分が最も速く15mを通過できるタイミングで浮き上がる。
3. 水中バタフライキックを何回打って浮き上がれば、15mが最速になるか確認する。

第2章 試合を想定した実戦・練習メニュー

03 スタート

飛び込みからの浮き上がり③
平泳ぎのスタート

平泳ぎでは、"ひとかき、ひとけり"という特殊な水中動作ができる。飛び込んだ勢いをできるだけ長く持続させる"ひとかき、ひとけり"を覚えよう。

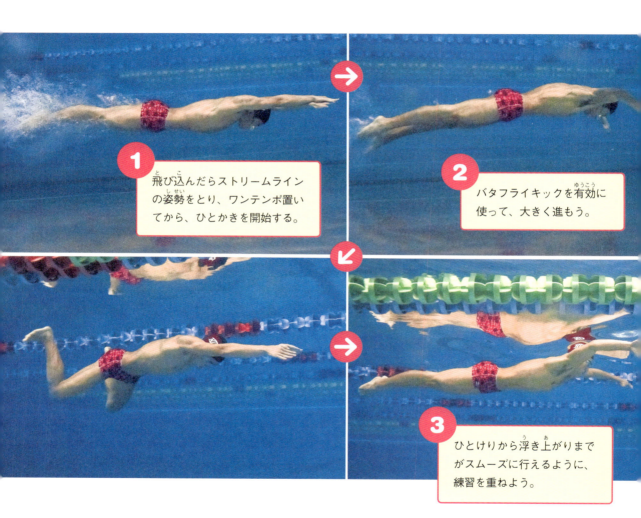

1 飛び込んだらストリームラインの姿勢をとり、ワンテンポ置いてから、ひとかきを開始する。

2 バタフライキックを有効に使って、大きく進もう。

3 ひとけりから浮き上がりまでがスムーズに行えるように、練習を重ねよう。

平泳ぎでは、スタート後やターン後に、水中で水をかくプルを1回(ひとかき)、キックを1回(ひとけり)打つことができる。特にひとかきは、バタフライのように最後までかききることができるので、力強く水をかいて大きく進めるように練習する。また、ひとかきのタイミングで、1回だけバタフライキックを打つことができるので、有効に使って推進力にしよう。

ひとかきして、気をつけの姿勢になったら、ワンテンポ置く。そして、水の抵抗を受けないように手を体に沿わせるようにして前に戻すと同時に"ひとけり"をして浮き上がろう。

STEP 1　ひとかきのコツ

人数	1人	回数	15m×4本
道具	—	時間	10分

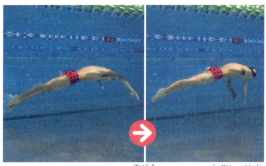

体が上下せず、水平で水の抵抗を受けない姿勢を維持しよう。

Point　バタフライのようにかく

1. ひとかきはバタフライをイメージしよう。
2. 両手を少し外に広げつつ、ひじを立てて伸ばし、水をしっかりキャッチする。
3. とらえた水をうしろに放り投げるようにして、最後までかききる。

STEP 2　バタフライキックの使い方

人数	1人	回数	15m×4本
道具	—	時間	10分

バタフライキックは、キャッチ時でもフィニッシュ時でも、自分が打ちやすいタイミングで打つ。

Point　ひとかきの補助として使う

1. ひとかきするときに、バタフライキックを1回入れると、推進力を高められる。
2. キャッチのタイミングでバタフライキックを打つ場合は、手を開きながら、ひじを立てるところで打つ。
3. キックを打っても体が大きくうねりすぎないように注意しよう。

STEP 3　ひとけりから浮き上がり

人数	1人	回数	15m×4本
道具	—	時間	10分

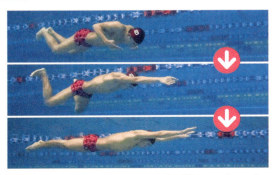

ひとけりが終わったら、できるだけ早いタイミングで最初のワンストローク目を行う。

Point　水の抵抗を受けないように

1. ひとかきを終えた手は、体に沿わせるようにして前に戻す。
2. 手を前に戻しつつ、ひとけりの準備を意識しよう。
3. 手を前に伸ばし、ストリームラインの形をつくりながらキックを打つ。

第2章　試合を想定した実戦・練習メニュー

04 スタート

飛び込みからの浮き上がり④
背泳ぎのスタート

背泳ぎのスタートは仰向けで飛び出すため、1点入水が難しい。指先からの入水を練習して、バサロキックでスムーズに浮き上がるスタートを身につけよう。

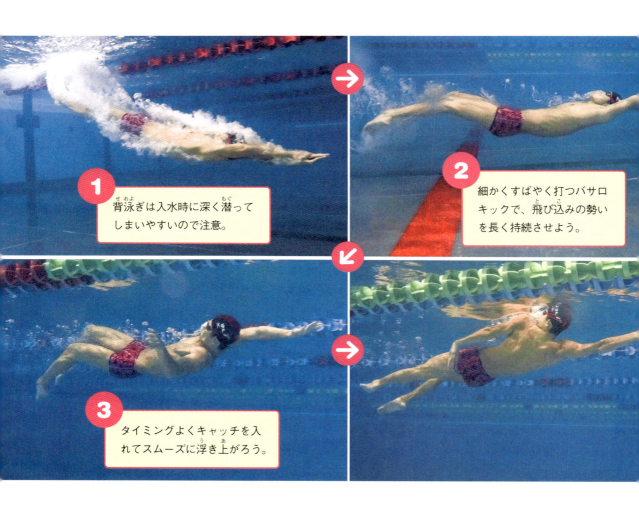

1. 背泳ぎは入水時に深く潜ってしまいやすいので注意。

2. 細かくすばやく打つバサロキックで、飛び込みの勢いを長く持続させよう。

3. タイミングよくキャッチを入れてスムーズに浮き上がろう。

背泳ぎのスタートは仰向けに飛び出す。そのため、背中を水面に打たないように、指先から1点入水ができるように練習することが大切だ。入水後に深く潜りすぎないようにするため、水中ですばやく水平姿勢をつくれるように練習しよう。そこからは、仰向けのバタフライキックであるバサロキックを使い、飛び込んだ勢いを利用して水中を進む。水面が見えるので、浮き上がりはほかの種目よりもやりやすいが、油断は禁物。急に浮き上がるのではなく、バサロキックの勢いを泳ぎにつなげられる、スムーズな浮き上がりを身につけよう。

STEP 1 飛び込みから入水の仕方

人数	1人	回数	15m×4本
道具	—	時間	10分

入水後にストリームラインの姿勢をつくるところまでをひとくくりにして練習する。

Point 体を反らせて1点入水

1. 壁を蹴って飛び出したら、しっかり体を反って指先から入水する。
2. 壁を蹴ると同時に、スタート台のグリップを持っている手を、勢いよくうしろに振り上げるようにするとよい。
3. 指先から入水すれば、飛び出した勢いを保ちやすい1点入水ができる。

STEP 2 ストリームラインとバサロキック

人数	1人	回数	15m×4本
道具	—	時間	10分

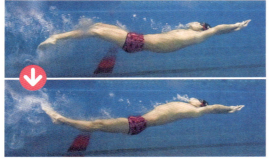

バサロキックは上半身が上下しやすいので、特に注意する。

Point 上半身を動かさず細かく打つ

1. 入水後、すぐにストリームラインの姿勢をとり、体を水平にする。
2. 上半身は極力動かさず、仰向けのバタフライキック（バサロキック）を打つ。
3. キック幅が大きくならないように注意して、細かくすばやく打つ。

STEP 3 浮き上がり方

人数	1人	回数	15m×4本
道具	—	時間	10分

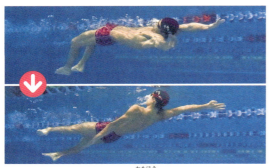

リカバリーの勢いと、もう片方の手によるキャッチの力を合わせると、さらに勢いよく浮き上がれる。

Point 水面ギリギリでキャッチする

1. バサロキックと水をとらえるキャッチを合わせる。
2. 水をかきながら、キックをバタ足に変えていく。
3. 腕をうしろに振りぬくフィニッシュのタイミングで水面に飛び出す。

第2章 試合を想定した実戦・練習メニュー

05 種目別練習

パワーと瞬発力をつける
ショートの実戦練習と道具

パワーと瞬発力が要の50mから100mのショート（短距離）種目。この種目が専門の選手に向けた、冬季、夏季に分けた実戦練習法を紹介しよう。

1 冬季に持久力の基礎を高める期間があるからこそ、大会でスピードをいかせるようになる。

2 ダイブ練習を行うときは、レースを想定して全力で取り組もう。

　ショート専門選手の練習のポイントは、持久力を冬場につけ、夏季にはその持久力をベースにして大会に備えることだ。50mから100mのレースが得意だとしても、冬季練習の基本は、後半までスピードを持続させるための持久力の基礎づくりである。特にキックの強化に力を入れることをおすすめする。

　夏季は、冬季につくり上げた持久力を落とさずに、スピードとパワーの強化を重点的に行う。量は少なく、質は高くが基本だ。レースのように飛び込んで、MAXのスピードで泳ぐダイブ練習は、大会を想定しながら集中して行おう。

STEP 1 冬季練習1日のメニュー例

キック	●背泳ぎ200m×4本／3分30秒サイクル ●専門種目50m×8本／1分30秒サイクル ハード
プル	●クロール100m×8本／1分30秒サイクル ●専門種目50m×8本／1分20秒サイクル ハード
D・F	●25m×16本（1本ごとに10〜20秒休憩）
スイム	●50m×4本×4セット／サイクルは1セット目50秒、2セット目1分、3セット目1分10秒、4セット目1分20秒 セットごとにディセンディング セット間休憩1分 ●25m×8本／1分サイクル ハード

サイクル…指定時間ごとに次の泳ぎを始める／ハード…全力で泳ぐ／ディセンディング…徐々に泳ぐタイムを速くする／D・F…ドリル・フォーム（各泳法のフォームづくり、弱点克服のドリル）

Point 夏を戦い抜く持久力をつける

1. 持久力の基礎づくりがメインだが、スピードを落とさないための、短い距離の練習も盛り込むのがコツ。
2. キックの200m×4本やプルの100m×8本、スイムの50m×4本×4セットが持久力の強化メニュー。
3. 水中での姿勢づくりにも役立つ、キックの強化にも取り組む。

STEP 2 夏季練習1日のメニュー例

キック	●専門種目100m×6本／2分サイクル ●専門種目25m×8本／1分30秒サイクル イージーとハードを1本ずつ交互に（ハードは潜水）
プル	●専門種目50m×12本／1〜8本は1分10秒サイクル 1〜4本でディセンディングを2回くりかえし、9〜12本は1分30秒サイクルでイージーとハードを1本ずつ交互に
D・F	●25m×20本（10〜20秒休憩）スタート練習入れる
スイム	●専門種目100m×8本／1〜4本は2分サイクルでディセンディング 5〜8本は3分サイクルでイージーとハードを1本ずつ交互に ●イージー100m×1本 ●50m×2本、25m×2本、15m×2本すべてDive

Point レースを想定したスピード練習

1. 冬季に身につけた持久力をベースにして、スピードとパワーの強化に取り組む。
2. スピードやパワーは、ハードのときに、集中して取り組んでつけていく。
3. 持久力を維持させるためにも、キックの100m×6本やプル・スイムのディセンディングのような練習も組み込む。

イージー…楽に泳ぐ／Dive（ダイブ）…飛び込みスタートから全力で泳ぐ

STEP 3 使いたい練習道具 その1

人数	1人
道具	パドル

パドルは、手にはめて使うプラスチックの板だ。大きすぎるパドルを使うと、肩やひじを痛める原因になるので注意しよう。

Point パワーをきたえられる「パドル」

1. 自分の手よりもひとまわり程度大きいサイズのパドルを選ぶ。
2. パドルをはめて泳ぐ。パドルを使うと、普段よりも水を多くとらえられるのでパワーをきたえられる。

種目別練習

06

メイン距離のミドル
ミドルの実戦練習と道具

バタフライや背泳ぎ、平泳ぎのメインは、100mから200mのミドル（中距離）種目だ。冬季、夏季でどのように練習すればよいかを見ていこう。

1 スピードや耐乳酸能力、持久力と、きたえたい項目が多いからこそ、じっくり計画的に取り組もう。

2 冬季は専門にしている種目だけではなく、自由形や個人メドレーで持久力をきたえるのもポイント。

3 夏季には速いスピードを後半も維持できるようになる、耐乳酸能力を高めていこう。

中距離では、スピードと持久力の両方をきたえる必要がある。冬季の持久力をきたえる時期にも、ある程度、短い距離のスピード練習を合わせて行うことが大切だ。また、個人メドレーや自由形でも持久力をきたえておくと、専門種目にもよい影響が出る。

夏季には、100mや200mのレースの後半で大切になる耐乳酸能力（疲労が蓄積しても動ける能力）と、スピードを重点的にきたえよう。持久力と耐乳酸能力を同時に高めるために、1本ごとに設定タイムを上げていくディセンディング（Des）を活用しよう。

STEP 1　冬季練習1日のメニュー例

キック	●専門種目100m×4本×3セット／1セット目は2分サイクル、2セット目は1分50秒サイクル、3セット目は1分40秒サイクル　セット間休憩1分 ●専門種目50m×4本／1分30秒サイクル　ハード
プル	●クロール100m×12本／1分30秒サイクル　シュノーケル使用可 ●50m×12本／1分サイクル　メドレーの順で1本ずつ泳ぐ
D・F	●25m×16本（1本ごとに10～20秒休憩）
スイム	●専門種目100m×6本×3セット／1分30秒サイクル　1セットずつディセンディング　イージー100m×1本 ●専門種目50m×8本／1分10秒サイクル　ハード

Point 多種目で持久力をきたえる

1. 全体的に泳ぐ距離は長めに、サイクルは短めで行うのがポイント。
2. 25mや50mといった短い距離のスピード練習も合わせて行う。
3. 個人メドレーやクロールでの持久力強化練習は、練習量がかせぎやすく、専門種目の持久力強化にもつながる。

STEP 2　夏季練習1日のメニュー例

キック	●専門種目200m×4本／4分サイクル　ディセンディング ●専門種目100m×1本／タイムトライアル
プル	●100m×8本／2分サイクル　クロールと専門種目を1本ずつ交互に　専門種目はディセンディング
D・F	●25m×16本（1本ごとに10～20秒休憩）
スイム	●専門種目200m×4本×2セット／1セット目3分サイクル　2セット目4分サイクル　ディセンディング／セット間休憩1分　イージー100m×1本 ●専門種目50m×8本×2セット／1セット目1分10秒サイクル　2セット目1分30秒サイクル　1セット目ハード　2セット目奇数イージー、偶数Dive／セット間休憩1分

Point 耐乳酸能力を伸ばす

1. 後半にスピードを落とさないで泳ぎきるために、耐乳酸能力を中心にきたえよう。
2. 練習はいずれも、200mのディセンディング形式で行うのがおすすめ。
3. キック練習は、100m×1本のタイムトライアルを定期的に行い、キック力の向上具合を確かめておく。

> タイムトライアル…全力で泳ぐタイムを測定する
> Dive（ダイブ）…飛び込みスタートから全力で泳ぐ

STEP 3　使いたい練習道具　その2

人数	1人
道具	ビート板

ビート板を少ししずめるように、軽く下に押さえつけて泳ぐと、キャッチで下向きに力を入れる感覚や、前に体重移動する感覚が養える。

Point 練習道具の基本「ビート板」

1. ビート板を活用して、中距離に必要な心肺機能をきたえる。
2. ビート板は、大きめならキック練習、小さめならキック練習とプル練習で使える。
3. 足は体の中でも大きな筋肉が集まっているので、体力アップにはキック練習がかかせない。

第2章　試合を想定した実戦・練習メニュー

07 種目別練習

持久力がカギ
ロングの実戦練習と道具

高い持久力を必要とする400m以上のロング（長距離）を得意とする選手が、冬季と夏季で、どのように持久力を高めていけばよいかを見ていこう。

1 冬季には量をしっかり泳ぎ込んで、持久力を徹底的に高めよう。

2 夏季には大会を想定して、目標としているタイムで泳ぐためのレースペースを体に覚えさせるメニューを入れるとよい。

3 つらい練習が多くなる長距離チームでは、競り合いをさせることでモチベーションを保つことも大事。

　長距離を専門にしているなら、冬季は徹底的に持久力の強化を行う。1本で泳ぐ距離を200mから800mと長くし、サイクルも短く設定するのがポイントだ。

　夏季は、持久力の強化を継続しながら、大会で泳ぐレースのペースを体に覚えさせる練習を組み込む。例えば、1,500m自由形で16分30秒を目標にしているならば、100mを1分06秒以内で泳ぐことを意識する、というイメージだ。練習量が多くなりやすい長距離チームは、同じ力量の選手と競り合いながら練習ができると、モチベーションを保ちやすい。

STEP 1　冬季練習1日のメニュー例

キック	●背泳ぎ400m×2本／7分サイクル ●専門種目100m×8本／2分サイクル　2本ごとにディセンディング
プル	●クロール800m×2本／11分サイクル　シュノーケル使用 ●バタフライ50m×12本／1分サイクル
D・F	●25m×16本（1本ごとに10〜20秒休憩）
スイム	●クロール200m×6本×2セット／1セット目2分50秒サイクル　2セット目2分40秒サイクル／セット間休憩1分　イージー100m×1本 ●専門種目50m×8本／1分サイクル　ハード

Point　徹底的に持久力をきたえる

1. 練習量を増やし、持久力向上に努めるのが冬季のポイントだ。
2. 1本ごとのタイムのばらつきをできるだけなくし、安定したスピードで泳ぐようにする。
3. スピードの能力を落とさないために、少しだけでも、短い距離の練習を組み込む。

STEP 2　夏季練習1日のメニュー例

キック	●背泳ぎ100m×4本×3セット／1セットごとにディセンディング　セット間休憩1分
プル	●クロール200m×8本／2分40秒サイクル　2本ごとにディセンディング
D・F	●25m×16本（1本ごとに10〜20秒休憩）
スイム	●クロール100m×15本／1分45サイクル　1500mをレースで泳ぐペースで泳ぐ　イージー100m×1本 ●50m×12本／1分サイクル　4本ごとにディセンディング

Point　大会を想定したペース練習

1. 大会で泳ぎたいレースペースを想定した練習をメニューに組み込むのがポイント。例えば、100m×15本は、まさに1,500m自由形を想定した練習だ。
2. レースのペースを体に覚え込ませるためにも、ペース練習を定期的に行う。

STEP 3　使いたい練習道具　その3

腕と足を組み合わせて泳ぐコンビネーションだけではなく、キックやプルでも活用しよう。

人数	1人
道具	シュノーケル

Point　「シュノーケル」を活用する

1. 顔の中心に吸気口がある競泳用の「シュノーケル」は、呼吸動作をしなくても泳げるのでフォームづくりに役立つ。
2. 特に中心軸をぶらさないように泳ぐフォームをつくるときに役立つ。
3. 普通の呼吸よりも息が吸いにくくなるので、呼吸筋もきたえられる。

08 種目別練習

個人メドレー・平泳ぎのポイント
実戦練習と道具

4泳法を続けて泳ぐ個人メドレーと、スピードが遅く、特殊なテクニックを必要とする平泳ぎの選手が、冬季と夏季で取り組むべきポイントを考えていこう。

1 個人メドレー用の持久力は、個人メドレーできたえるのがコツ。

2 種目の切り替え練習も個人メドレーでは大事なポイントだ。

3 平泳ぎの選手が平泳ぎばかりを泳ぐと、ひざへの負担が増えて故障につながることがある。持久力強化を考えて、個人メドレーなども行おう。

個人メドレーの冬季練習は、特に後半の平泳ぎとクロールでがんばりきれる体力づくりをメインに取り組もう。あわせて、スイッチ（種目の切り替え）練習を行い、個人メドレー用の持久力を強化していくとよい。

夏季は個人メドレーで4種目を泳ぐ練習を中心にしよう。個人メドレーのレースは200mと400mなので、練習も200mや400mを中心に組み立てるとよい。

平泳ぎの選手が持久力を高めたいときは、平泳ぎだけを練習するより、個人メドレーやクロールも練習したほうが効果的だ。

STEP 1 冬季練習1日のメニュー例

キック	●600m×2本／11分サイクル　1本目背泳ぎ　2本目クロール　イージーとハードを25mで交互に、50mで交互に、75mで交互に、75mで交互に、50mで交互に、25mで交互に続けて行う ●平泳ぎ50m×8本／1分10秒サイクル　2本ごとにディセンディング
プル	●バタフライ100m×8本／1分45秒サイクル ●50m×12本／1分サイクル　3本ごとに背泳ぎと平泳ぎを切り替える
D・F	●25m×16本（1本ごとに10～20秒休憩）

Point 種目切り替え練習を入れよう

1. 個人メドレーのスイッチ（種目の切り替え）を練習に組み込む。

スイム	●個人メドレー200m×7本／3分20秒サイクル　50mごとに種目を切り替える　1本ごとにディセンディング ●個人メドレー100m×12本／1分40秒サイクル　50mごとに種目を切り替える（1～4本はバタフライ→背泳ぎ、5～8本は背泳ぎ→平泳ぎ、9～12本は平泳ぎ→クロール）　4本ごとにスピードを上げる　イージー100m×1本 ●個人メドレー200m×3本／3分30秒サイクル　1本ごとにディセンディング

STEP 2 夏季練習1日のメニュー例

キック	●100m×12本／2分サイクル　メドレーの順で3本ずつ泳ぐ　1～3本でディセンディング
プル	●100m×12本／1分40秒サイクル　メドレーの順で3本ずつ泳ぐ　1～3本でディセンディング
D・F	●25m×16本（1本ごとに10～20秒休憩）
スイム	●個人メドレー400m×3本／6分30サイクル　1本ごとにディセンディング ●個人メドレーとクロール200m×6本／3分サイクル　個人メドレーとクロールを1本ずつ交互に泳ぐ　個人メドレーはハード　クロールはディセンディング　イージー100m×1本 ●クロール50m×8本／1分10秒サイクル　ハード

Point ラストまでねばれる実戦練習

1. 個人メドレーの練習は実戦を意識して、スイムは200mや400mで行う。
2. ラストのクロールで競り勝つために、クロールのスピード練習も組み込む。
3. 平泳ぎの選手は、クロールでのスピード練習を平泳ぎでやってみたり、200mの練習を平泳ぎでやってみたりするとよい。

STEP 3 使いたい練習道具　その4

例えば、レース前にフィンスイムを行うと、レースとほぼ同じ速いスピードで泳げるので、フォームの最終確認に最適だ。

人数	1人
道具	フィン

Point レース感覚の「フィン」

1. 「フィン」を足につけると、泳ぐスピードが速くなる。
2. レースに近いスピードを体感でき、筋力強化にも活躍する道具だ。
3. キックとコンビネーションの練習や、レース前に泳ぎの感覚をつかみたいときに使う。

09 自信を持つ

日大豊山流①
自信がつく練習

スタート台に立ったとき、どれだけ自分がやってきたことに自信が持てるかどうかが、結果の明暗を分ける。日大豊山流の自信をつける練習を紹介する。

1 日々、どれだけ自分が練習をがんばれるか。その積み重ねが、自信の裏づけになっていく。

2 当たり前のことを、当たり前に。シンプルだが、それこそが自信をつける近道だ。

試合で自信を持ってスタート台に立つために、何よりも大切なのは「練習」だ。当たり前のことだが、練習をきっちりとこなすことが大切だ。練習の積み重ねこそが、レースでスタート台に立ったときに本当の自信となって、自分を支えてくれるのだ。

例えば、100mのレースに出場するのに、50mや75mの練習ばかりだと、ラスト25mに不安が残る。だが、150m、200mと、試合で泳ぐ倍の距離でトレーニングしておけば、後半の不安は取り除けるはずだ。

STEP 1 自信がつく練習が必要な理由

大切なのは、スタート台に立ったときに不安がないこと。そのための練習だ。

Point 不安を持たずにレースに挑む

1. レースでは前半から積極的に攻めて、いかにラストまでねばれるかが大切。その意識を練習から持つ必要がある。
2. 最後の1本だけ速く泳いだり、平均的にがんばり続けたりする練習はしない。最初から積極的に攻め続け、多少タイムが落ちても最後までねばり続けることができるかどうかが、本物の自信をつけられる練習になる。
3. レースは常に1人。誰も助けてくれないなかで、「あれだけ練習してきたんだから大丈夫」と思えることが自信につながる。

STEP 2 自信がつく実戦練習

スイム	●専門種目400m×5本／7分サイクル 1本ごとにディセンディング ●個人メドレー800m×3本／11分サイクル 1本ごとにディセンディング

解説
スタート台に立ったときに"必ず勝てる"という自信は、練習によってしか生まれない。大会で泳ぐ2倍の距離をがんばりきる練習は、体力はもちろん、精神的にもきつい練習だ。しかし、それをやりぬく体力・精神力を養うことで、自分に対する自信が得られる。自分自身と向き合い、「あきらめたい」と思う気持ちと戦うことはつらいが、成果を出すためにはこのつらさから逃げていてはならない。

Point レースの倍の距離を泳ぐ

1. 日大豊山が自信をつける練習として実戦しているのは、レースで泳ぐ距離の2倍を全力で泳ぐ練習だ。
2. 例えば、100mや200mのレースに出る選手なら、200mや400mのハードセットを行う。
3. かなり苦しく、きついトレーニングだが、何度もくりかえし行うと体が慣れて、最後までねばりきれるようになる。そうなれば、体力と自信の両方を身につけられた証拠だ。

第2章 試合を想定した実戦・練習メニュー

10 結果を出す

日大豊山流②
試合を想定した練習

練習は、試合で結果を残すために行うもので、練習をこなすために行ってはならない。常にレースを想定した取り組みを行うのが、日大豊山流の練習法だ。

1 練習のための練習にせず、常に試合を想定して取り組む。それが、本当に試合で結果を出せる練習になる。

2 泳ぎ方ひとつとっても、練習をこなすためのフォームではなく、試合で泳ぐ、理想とするフォームを頭に入れて泳ぐことが大切。

　がんばって練習し、それなりのタイムで泳げているのに試合で結果が出ない。その大きな理由はふたつある。ひとつは、練習のための練習になっていること。常に試合のことを頭に置いて、自分が出したい記録は何秒なのか、そのためにはどんな練習をすればよいのかなど、目標と手段を明確にしなければならない。

　もうひとつは、試合で泳ぐフォームになっていないこと。泳ぎが変われば、タイムも変わる。常に試合で泳ぐフォームを考え、そのフォームで練習しよう。

STEP 1 練習のための練習にしない方法

単に練習をこなすだけ、その日の練習をがんばるだけではなく、試合で何秒を出したいのかを心に決めて取り組もう。

Point 目標と手段を明確にしよう

1. 試合では何秒で泳ぎたいのか、そのためにはどういうラップタイムで泳げばよいのかを明確にする。
2. 目標とするタイムで泳ぐには、前半を何秒、後半を何秒で泳げばよいのかを知り、そのタイムを出せる練習に取り組めばよい。
3. 日々の練習メニューのなかで、「これは前半の練習だ」「後半ねばる練習だ」というように、何のための練習なのかを理解して取り組めば、結果を残せる練習になる。

STEP 2 結果を残すための実戦練習法

練習でできないことは、試合でもできない。練習は試合のように。試合は練習のように。よくいわれる言葉だが、とても大切な考え方だ。

Point 試合用のフォームで泳ぐ

1. 試合は、練習で積み重ねてきたことが現れる場所。フォームもそのひとつ。
2. つらい練習をこなすためのフォームではなく、試合で泳ぐ、自分が理想としているフォームでくりかえし練習すれば、試合でもそのフォームで泳ぐことができる。
3. メインの実戦メニューだけではなく、アップやキック、プル、ドリルなどでも、「試合でこう泳ぎたい」というフォームを意識して練習しよう。その積み重ねが、結果につながる。

第2章 試合を想定した実戦・練習メニュー

11 弱点克服

日大豊山流③
弱点を徹底して直す

誰にでも弱点はある。その弱点を克服するには、練習で徹底的に取り組む必要がある。自分の弱い部分を克服することは、試合での自信にもつながるのだ。

1 技術的な弱点を直しておけば、体力的な弱点を克服するための泳ぎ込みもよいフォームで行えるので、効率よく弱点が克服できるようになる。

2 自分の弱点は何なのか。自分でわからなければ、指導者に聞いてみよう。

3 キャッチならキャッチ、タイミングならタイミングというように、最も弱い部分をピンポイントで徹底的に直していこう。

中学生スイマーでも、トップスイマーだとしても弱点はある。長所を伸ばすことも大切だが、弱点をなくすことも、結果を残すためには必要だ。弱点を直す方法は、徹底して同じ部分の修正に、コツコツと取り組むことだ。シンプルだが、弱点克服には一番の方法だ。もしもたくさん弱点がある場合は、最初に自分が最も弱いと思う部分から直していこう。体力的な弱点を克服するには時間がかかる。特に小・中学生は、体もまだ成長の途中。体力は、高校、大学と進学しても取り組むことができるので、まずは技術的な弱点から克服していこう。

STEP 1 弱点の直し方

与えられた練習メニューの中だけではなく、練習前後の時間も有効活用していこう。

Point 毎日徹底して取り組む

1. 弱点を克服する近道は、毎日徹底して同じ部分の修正に取り組むこと。
2. 自分の弱点は、水をとらえられないことにあるのか、中心軸がずれてしまうところなのかなど、まずは自分で弱点を把握すること。わからなければ、指導者に相談してみよう。
3. ドリルの時間はもちろん、ウォーミングアップやクールダウンの時間も使って、何度もくりかえし練習することが、弱点克服につながる。

STEP 2 弱点を直すための実戦練習法

水をとらえる、という水泳で最も大切なポイントの「キャッチ」は、そのほかのさまざまな弱点克服にもつながる。もしどうやって弱点を克服するか迷ったら、キャッチのドリルに取り組んでみるのもおすすめだ。

Point ドリルを活用する

1. ドリル練習は泳ぎを分解して、力の使い方や体の動かし方などの技術力をアップさせる方法。技術的な弱点克服には、ドリルを活用しよう。
2. ドリルの数はたくさんあるので、自分の弱点を克服するドリルを見つけ出そう。
3. ドリルで部分的な練習をしたら、手と足を組み合わせるコンビネーションで泳いでみて、その部分がどう変わったかを確認することも忘れずに行う。

第2章 試合を想定した実戦・練習メニュー

コラム

春夏秋冬 季節による練習テーマ

質より量の上半期

上半期は10月〜3月

　競泳の全国大会などの主要大会は、春から夏にかけて行われる。その期間を中心にして、日大豊山では、**秋冬の10月〜3月くらいまでを上半期**と考え、体力づくりをメインテーマに練習に取り組む。練習内容も**「質」よりも「量」**を中心に行い、ここで基礎体力をつけていく。

試合の体力は上半期につくる

　上半期でしっかりとトレーニングをがんばれるかどうかで、4月〜9月の下半期、いわゆる水泳シーズンで結果を残せるかどうかが決まるといっても過言ではない。下半期にはテーパーをかけて結果を残さなければならない大会が多く、じっくりと体力づくりをする練習ができない。だからこそ、上半期で長い**夏のシーズンを戦い抜く体力をつけておく**ことが、非常に大切になるのだ。

課題を見つける

　上半期には短水路のレースが多く行われるので、試合に出場しながらトレーニングのできをチェックしたり、新たな課題を見つけたりしよう。そういった積み重ねが、下半期に結果として現れる。

レースを視野に入れる下半期

実戦に直結する練習

　下半期には、レース展開を考えた泳ぎ方の練習や、試合で生きるフォームの確立、実戦的でレースに直結するようなトレーニングをメインにして取り組む。**結果を出せる練習**をするのがポイントだ。

第3章
試合に勝つための作戦

01 調整法

練習で築いた力を発揮する
テーパー期の仕上げ方

成長するためには練習が大切。しかし、もっと大切なのは練習で築いた力を試合で発揮すること。試合に向けた調整法（テーパー）の基本を学ぼう。

1 どうすれば、試合の日までに自分の調子が上がるのかを自分で知ろう。

2 調子の上げ方は、選手自身が知ることに加えて、指導者も理解していることが大事。

3 調子を上げる方法は一朝一夕には見つからない。さまざまな方法をいろいろな大会で試して、自分だけの調整法を見つけ出そう。

　試合前、体にたまった疲労を取り除き、レースのスピードに対応できるように体も泳ぎも仕上げていく期間が「テーパー期」。小・中学生ぐらいであれば、オフの日も考慮して、だいたい1〜2週間を目安に考えるとよい。

　ポイントは"自分が"全力を出せる力を高めていくこと。練習量を落とさないほうが力を出せる選手もいれば、短い距離と少ない本数で全力を出す練習をしたほうがよい選手もいる。大切なのは、自分の調子の上げ方を自分が知ること。そのために、いろいろな方法を何度も試し、自分だけのテーパーの方法をつくり上げよう。

STEP 1 練習の内容を量から質へ

練習の質を高めるのは、試合で泳ぐスピードに体を慣れさせるためだ。

Point レーススピードに慣れさせる

1. 練習の量を落として体の疲れをとり、スピードを出せる質を高めた、ハードな練習に切り替えるのが、テーパー期の基本。
2. 1本ごとに泳ぐサイクルは長めで、本数を少なく、距離は短めで強度を上げる。
3. レースと同じスピードで泳ぐメニューを組み立てる。

STEP 2 男女の違いを理解しよう

男女の違いだけでなく、選手の体格や筋肉の量を考慮して、メニューを組み立てよう。

Point 体の疲れやすさの違い

1. 男女によってテーパーの質の上げ方を変える。
2. 女子は体力を維持するために、ある程度量を多めに泳ぐことも必要。
3. 男子は筋肉量が多く疲れやすいため、女子よりも量を少なく、質を高めるのがコツ。

STEP 3 自分の調子の上げ方を知る

大きな大会で結果を残すためにも、小さな大会を利用して、さまざまなテーパーを試してみよう。

Point いろいろな方法を試してみよう

1. 自分が専門とする種目や距離によっても、テーパーは異なる。
2. どうすれば自分の調子が上がり、レースで力を出すための準備ができるのかを理解することが大切。
3. さまざまな大会で、異なる方法を試し、最高の力を出せるテーパーを知ろう。

第3章 試合に勝つための作戦

02 試合当日

レースのための準備
試合当日の過ごし方

テーパー期を経て迎えたレース当日。最後の最後まで準備をおこたらず、自分の力を最大限発揮できるようにするための、当日の過ごし方を考えてみよう。

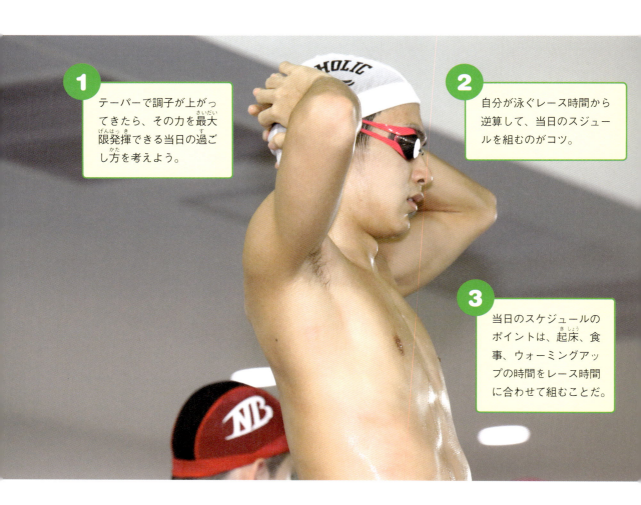

1 テーパーで調子が上がってきたら、その力を最大限発揮できる当日の過ごし方を考えよう。

2 自分が泳ぐレース時間から逆算して、当日のスジュールを組むのがコツ。

3 当日のスケジュールのポイントは、起床、食事、ウォーミングアップの時間をレース時間に合わせて組むことだ。

　テーパーで調子が上がってきたら、最後の仕上げは試合当日の過ごし方。自分のレースが行われる時間に合わせて、体の準備をしていこう。
　ポイントは、レースの時間から逆算してスケジュールを立てること。例えば、自分の泳ぐレースが10時であれば、そこから逆算して何時に起きるのか、何時にウォーミングアップを何回行うのかなどを決めていく。
　特に大事なのは、起床、食事、ウォーミングアップの3つの時間。午前のレースは体が動きにくいので、起床時間に気をつけよう。午後の場合は、食事の時間をコントロールするとよい。

STEP 1　午前のレース編

ウォーミングアップの時間や距離を長めに行うのも、午前中のレースで体を起こす方法のひとつ。自分に合った体の起こし方を見つけよう

Point　起床時間から考えよう

1. 朝は体が動きにくいので、起床時間をいつもより早めに設定するとよい。
2. レースのおよそ1時間前にはウォーミングアップを終わらせておきたい。ウォーミングアップの開始時間までに、体がしっかり起きている状況をつくろう。
3. 起床してから体操したり散歩したりするのも、体を起こす方法のひとつ。
4. 食事はウォーミングアップの1時間30分前にすませるのが目安。それまでに朝食が食べられない場合は、量をへらすなど工夫をしよう。

STEP 2　午後のレース編

日大豊山では試合の日、レースの時間に合わせていつでも食事ができるように、各自がおにぎりや弁当などを準備している。食べるタイミングは選手たちに任されている。

Point　食事の時間に注意

1. 午後のレースでは、食事の時間に注意する。
2. 午前のレースと同じように、ウォーミングアップの1時間30分前までに、食事をすませておく。
3. レースの時間が13時や14時のようなタイミングの場合は、昼食は軽めにして、レース後に疲労回復の栄養補給も兼ねた食事をするとよい。
4. 朝に一度軽く泳ぎ、午後のレースの前にもう一度軽く泳ぐのも、コンディションを維持するためにおすすめだ。

第3章　試合に勝つための作戦

03 作戦

自分が得意な展開を見つける
レース展開と作戦を考える

プールに飛び込んだら、あとは自分の力を最大限発揮できるレース展開で泳ぐのみ。レース展開は「作戦」でもある。自分が得意な作戦で試合に臨もう。

1 予選と決勝がある試合なら、それぞれ違うレース展開で泳いでもよい。

2 ライバルのレース展開を知ることも、作戦のひとつだ。

3 試合も練習の場と考えられる。特に最初から全力で飛ばしつつ後半でもねばれる力というものは、試合で最もきたえられるのだ。

　自分が得意なレース展開を知っていれば、試合で「勝つ」ための作戦を立てられるようになる。スピードがあるなら、前半から積極的に攻める展開ができるし、持久力に自信がある選手であれば、後半勝負の展開もできる。自分の得意分野をいかしたレース展開で勝負しよう。

　ただ、小・中学生であれば、前半から積極的に攻める展開を基本にしたい。持久力は大人になってからでも十分にきたえられるため、後半勝負のレースは"今"やる必要はない。試合ではどんどん前半から攻めていき、レースの後半に「ねばる力」をきたえていこう。

STEP 1　前半からリードする展開

スピードがあれば、あえて前半から行かずに、後半に勝負をかけるという選択肢もある。

Point スピードをいかす

1. 瞬発力があるなら、スピードをいかして前半から試合をリードする展開を考えてみよう。
2. 特に短距離の種目は、前半から積極的に攻めるレース展開がよい。
3. 中・長距離の種目であっても、前半から周囲をリードする展開ができれば、自分で試合をコントロールすることにもつながる。
4. 後半に強い選手が多い試合なら、前半から大きくリードすれば、相手にあせりをあたえたり、プレッシャーをあたえたりすることができる。

STEP 2　後半に勝負をかける展開

後半が得意でも、ある程度、前半から攻める展開を経験しておくと、作戦の幅が大きく広がる。

Point 周囲に惑わされない

1. スピードよりも持久力のほうがあるなら、無理に前半から飛ばさず、後半に追い上げる展開を考えてみよう。
2. 後半に勝負する場合は、もし前半に周囲から離される展開になっても、「後半に追いつける」と自信を持って、周囲に惑わされないようにすることがポイント。
3. ただ、前半にリードされすぎると、いくら後半が得意でも追いつけない可能性がある。相手の展開や力量をしっかりと調べて、研究しておこう。

第3章　試合に勝つための作戦

04 順番

勝つための順番
リレーの順番の決め方

個人競技の競泳において、唯一のチーム戦であるリレーは、大きく盛り上がる種目だ。試合で「勝つ」ためには、泳ぐ順番（泳順）も大きなポイントになる。

1 先行逃げきりか、後半追い込みか。自分のチームの作戦に沿って泳順を決めよう。

2 選手一人ひとりの性格や特徴も、泳順を決める大事なポイント。

3 ライバルチームの作戦を読むことも、リレーで勝つためには大切な作戦だ。

　4人の力を合わせて戦うリレーは、前半から逃げきる作戦か、後半に追い上げる作戦かを決めて臨む。その作戦に沿って、選手の特徴を考えながら泳順を決めよう。スピードがあって前半から周囲をリードできる選手なら、第1・2泳者向き。後半勝負ができる選手なら、第3・4泳者向きだ。引きつぎ技術の高い選手がいるならば、2番目以降に配置するとよいだろう。

　また、ライバルチームの作戦も予想しよう。ライバルが逃げきりの作戦を立てそうなら、真っ向勝負をするのか、それとも裏をかいて後半に勝負するのかなど、勝てる作戦を考える。

STEP 1 前半型のオーダーを組む

前半型と決めたら、選手にも前半から思いきったレースを指示しておくと効果的だ。

Point 速い選手は第1か第2

1 前半逃げきりのオーダーにするなら、チームの中で速い選手を第1・2泳者にする。

2 特にスピードがあり、前半から積極的に攻める展開が得意な選手は、第1・2泳者向きだ。

3 前半型のオーダーでも、第4泳者には2、3番手の選手を残しておくのがポイント。

STEP 2 後半型のオーダーを組む

後半型のオーダーは、第4泳者よりも、第1・2・3泳者の配置のほうが重要だ。

Point 第4泳者は勝負強い選手

1 後半追い上げのオーダーなら、第3・4泳者に速い選手を置くだけでなく、ラストにねばれて勝負強い選手を配置してもよい。

2 持久力に自信があり、後半勝負のレース展開が得意な選手が、第4泳者向きだ。

3 第4泳者が勝負できるように、周囲からあまり遅れないように選手を配置する。

STEP 3 泳者の性格を見て泳順を決める

タイムの速さだけではなく、選手の特徴をいかしたメンバー、泳順を決めることが、リレーの勝敗を大きく左右する。

Point 得意なレース展開を考えよう

1 引きつぎが得意な選手なら、第2泳者以降に配置する。キックが強い選手なら、後半に勝負ができるので、第3・4泳者が適任だ。

2 選手自身が前半型のレースを得意としているなら、第1・2泳者向きで、後半が強い選手なら第3・4泳者向きだ。

第3章 試合に勝つための作戦

05 チームワーク

チームをひとつにする
チームワークの考え方

学校対抗の試合も多い競泳では、チームワークも試合で勝つための大切な要素だ。メンタル面での強さもみがけるチームワークを見直してみよう。

1　1人で練習するよりも、ともにがんばることができる仲間がいたほうが、厳しい練習にもたえられるはず。

2　チームでの練習は、実戦を想定したトレーニングにもひと役かっている。

3　日大豊山がチームワークを考えるときに大切にしているのは、さまざまな人間関係を学ぶことができる上下のつながりだ。

チームで練習する大きなメリットは、「厳しい練習を一緒に乗り越えよう」というメンタル面でのプラスや、同じくらいの力量の選手と練習中から競ることで、勝負強さをきたえられることにある。練習中から競ることができるのは、常に実戦を想定したトレーニングになるので非常に効果的。また、上級生が下級生のお手本になったり、指導者からの指示を上級生が下級生に伝えたり、人間関係の基本を学ぶこともできる。ときには苦しみをともに乗り越える仲間として、ときには人としての関係性を学べる場として、チームワークは選手たちにとって大切だ。

STEP 1　チームで取り組む練習のメリット

「あいつががんばっているから、自分もがんばろう!」と、相乗効果(そうじょうこうか)を生み出せるようなチームワークは、上級生が中心になってつくり上げるとよい。

Point　厳(きび)しい練習も乗(の)り越(こ)えられる

1. チームで練習するときは、練習中に声をかけ合ったり、はげまし合ったりできるので、苦しい練習も最後までがんばれる。
2. チーム全体でこの練習を「がんばろう!」という雰囲気(ふんいき)をつくることが大切。
3. 上級生が率先(そっせん)して練習に取り組んだり、声を出したりすることが大きなポイントになる。
4. 上級生が下級生を引(ひ)っ張(ぱ)ることで、チーム全体のレベルの底上げもできる。

第3章　試合に勝つための作戦

STEP 2　ライバルがチームにいるメリット

チーム内で競り合いができると、お互(たが)いを高め合える。仲がよいだけではなく、ライバルがチーム内にいることも、チームワークのひとつだ。

Point　試合につながる練習になる

1. チームの中で、力量の近い選手を探す。
2. 力量の近い選手は同じコースではなく、横で一緒に泳ぐようにする。
3. 毎日の練習から、力量の近い選手と競ることで、試合で競り合いになったときにねばり強い泳ぎができるようになる。
4. 日々の練習が、自然と試合に直結するトレーニングになる。

06 栄養

食べることもトレーニング
栄養や体のことを知る

試合に勝つためのトレーニングは、練習をこなせる体があってこそ可能になる。特に成長期である小・中学生だからこそ、栄養についての知識を身につけよう。

1. 栄養について知ることは、練習をこなせるようになったり、試合で結果を出せたりすることにもつながる。

2. 必要な栄養素は食事でしっかりとろう。たくさん食べて、たくさん練習することが大事。

3. 筋肉の部位や使い方といった体の仕組みを知ることも、トレーニング効果を高めてくれる。

　スポーツでカロリーを消費する小・中学生にとって、食事で栄養をとることは非常に大切。特にしっかりとりたいのは、体をつくるために必要なたんぱく質と鉄分、カルシウムだ。そして、試合前には炭水化物を多めにとって、エネルギーを蓄えることを忘れてはならない。

　また、体の仕組みを知り、自分がきたえているのがどういう部位で、水泳にとってどういう働きをするのかを知ることも大事だ。陸上トレーニングも、ただ漠然と行うのではなく、「ここをこうきたえている」と理解した上で行ったほうが、効果が高い。

STEP 1 栄養の重要性

おなかが空いたら、おやつやジャンクフードではなく、おにぎりなどの食事をとるようにしよう。

Point 3食と補食で栄養をとろう

1. 練習でたくさん運動し、さらに成長期でもある小・中学生は、特に食事を大切にしなければならない。
2. 3食で基本の栄養がとれないなら、補食をとるのがおすすめ。
3. 体の強い選手のほうが、練習もこなせれるし、練習ができれば試合でも結果を残せるようになる。食事をどれだけ大切に考えられるかは、結果を残せる選手になれるかどうかにつながるのだ。

STEP 2 体の仕組みを知る

特に陸上トレーニングを行うときは、体のどの部分をきたえているかを意識すると効果的だ。

Point 筋肉の部位と使い方を知ろう

1. 効果的なトレーニングをするためにも、体の仕組み、特に筋肉の部位と使い方を知っておこう。
2. 自分が今、行っているトレーニングが、どういう効果があるのかを知ることにつながる。
3. 自分の体を知れば、長所も弱点も見つけやすくなる。
4. 陸上トレーニングできたえた部位が、泳ぐときにどう使われているかがわかれば、さらに効果的なトレーニングが行えるようになる。

第3章 試合に勝つための作戦

> コラム

部室が汚いチームは弱い！
その理由とは？

部室でわかる強さ

清掃は組織力

　チームの強さは、部室に現れる。特に清掃には、組織力が現れるといえる。部活動では、競技以外の部分の多くで、上級生の指導によって下級生が動く。それがうまくいっていない場合、**部室の乱れとなって表面化**してしまう。

上級生の責任感

　長く伝統のある日大豊山の歴史のなかで、結果が残せるときは、**上級生の責任感**が強く、下級生とコミュニケーションがとれており、しっかりと指導できるチームになっていた。それは表面的な部分を見るだけでは、はっきりとわかるものではない。だが、**責任感のある上級生とそれをしたう下級生**の関係ができていると、その状態が清掃に現れるので、おのずと部室がきれいな状態に保たれるのだ。

上級生の指導力が組織力

教えて行動する

　責任感のある上級生は、練習でも下級生を引っ張っていく。**意識を高く持ち**、自分が強くなるためには**何をすればよいか、何を優先すべきか**を考え、行動している。そういった行動を下級生が見て、**したい、まねをする**。

考えて行動する

　時代の変化はあるが、上に立つものが責任を持って指導することで、組織が成り立つという構図は変わらない。**上級生の指導力**は、そのまま**チームの組織力**につながるのだ。

第4章
トレーニング

01 体幹

体幹を安定させるためのトレーニング
補強運動 腹筋

水中で体を安定させるためには、胴体部分である体幹がカギになる。まずは基礎的な腹筋から行って、体幹を安定させる力をつけていこう。

1 反動を使わず、動作はゆっくりと行う。

2 きたえている部位を意識するのがコツ。

3 ひねりを加えるものは、左右バランスよく同じ回数を行うこと。

成長期にある小・中学生は、陸上でウエイトトレーニングは行わなくてもよい。ただし、体幹を中心に、自分の体重（自重）を利用した陸上の補強運動をしておくと、水中でも自分の体をうまく使いこなせるようになるので、基礎的な陸上トレーニングをおすすめする。

まずは体幹の基本になる腹筋。反動を使わず、おなかのみぞおちから下の部位をきたえていこう。ひねりを加えると、体幹の前面だけではなく横側もきたえられる。動作はゆっくりと、腹筋を使っていることをきちんと意識しながら行うことがポイントだ。

STEP 1 腹筋

回数	20回×3セット
時間	3分（セット間の休みは30秒程度）

ひざは90度に曲げて、下半身を動かさないようにする。

Point 動作はゆっくりと行う

1. 基本の腹筋運動。足を持ち上げて、90度に曲げた状態がスタートポジション。
2. 手は頭のうしろで組み、ひじが太ももにつくくらいまでゆっくりと上半身を持ち上げる。
3. 反動をつけないように気をつけて行う。

STEP 2 腹筋（ひねり）

回数	20回（左右にひねって1回）×3セット
時間	3分（セット間の休みは30秒程度）

トレーニング中は、呼吸を止めないように気をつける。

Point 対角線のひじとひざをつける

1. ひねりを加えた腹筋運動。前面の腹筋に加えて体側（体の側面）もきたえる。
2. STEP1と同じスタートポジションから、左ひじと右ひざをくっつけるようにして、体をひねりながら起こし、左足は伸ばす。
3. 上半身を起こしたまま、反対側でも同じ動作を行う。

STEP 3 足上げ腹筋

回数	20回（左右で1回）×3セット
時間	3分（セット間の休みは30秒程度）

上半身が左右にぶれないように注意しよう。

Point 上半身を軽く持ち上げる

1. 腰に手を当てて、へそを見るように上半身を持ち上げる。
2. バタ足をするように、足を左右交互に持ち上げる。
3. 腹筋の下部（下腹部）をへこませながら行うのがコツだ。

第4章 トレーニング

02 下半身

体力向上にもなる下半身のきたえ方
補強運動 スクワット

腹筋に次いで大切な部位である下半身。基本のスクワットに加えて、応用編となる簡単なトレーニング方法も覚えておこう。

1 下半身のトレーニングは、キック力の向上だけではなく、体力の向上や瞬発力の向上にも効果がある。

2 フォームを間違えると関節に負担がかかってしまうので、正しいフォームで行うことを心がけよう。

3 腹筋と同じように、反動をつけずに行い、使っている筋肉を意識しよう。

　腹筋と合わせてきたえておきたいのが、下半身だ。お尻から太もも、ハムストリングス（太ももの裏側）は、基本のスクワットやランジできたえよう。また、両足ジャンプも一緒に行うと、瞬発力もきたえられる。

　下半身には大きな筋肉が集まっているため、きたえると、キック力の向上のほか、根本的な体力の向上にも効果がある。ただし、フォームを間違えると腰やひざなどの関節に大きな負担をあたえてしまう。鏡を見てフォームを確認したり、パートナーとチェックし合ったりしながら行おう。

STEP 1 スクワット

回数	20回×3セット
時間	3分（セット間の休みは30秒程度）

頭の位置を真っすぐ、真下に動かすことを意識しよう。

Point ひざをつま先より前に出さない

1. 頭のうしろで手を組み、背すじを伸ばして立つ。足は肩幅程度に開いておく。
2. ゆっくりと腰を下ろすようにしてひざを曲げる。このとき、ひざがつま先より前に出ないようにするのがポイント。
3. 上半身は背中が丸まらないように、腰から頭までを一直線にする。

STEP 2 垂直ジャンプ

回数	10回×3セット
時間	3分（セット間の休みは30秒程度）

「ドン！」と音がしないように着地すると、次にすばやくとび上がれる。

Point 全力でとび上がる

1. 両足で垂直とびを行うようにして、全力でジャンプする。
2. ジャンプしたら、足を抱え込むようにする。
3. 着地のときは足の裏全体を地面につけるのではなく、かかとを浮かせて着地すると次にとび上がりやすい。

STEP 3 ランジ

回数	20回（左右で1回）×3セット
時間	5分（セット間の休みは30秒程度）

上半身が前後左右にぶれないように、地面に対して垂直な姿勢を維持したまま行おう。

Point 上半身は垂直な姿勢を保つ

1. 頭のうしろで手を組み、背すじを伸ばして立つのがスタートポジション。
2. 片方の足を前に出して、その足のひざが90度に曲がるまで腰を落とす。
3. スタートポジションに戻ってから、反対の足を同じように前に出す。

第4章 トレーニング

03 筋肉

筋肉を補強する
補強運動 ストレッチ（基本）

ストレッチは、やり方によっては準備運動にも、運動後の筋肉のケアにもなる。
上肢や下肢だけでなく、体幹をケアできるストレッチも覚えよう。

1 ストレッチは柔軟体操ではない。痛いと感じる一歩手前で止めるのがポイント。

2 きたえるときと同様に、どこを伸ばしているのかを意識しよう。

3 ストレッチ中は呼吸を止めないようにする。

筋肉は、疲労がたまると収縮して血流が悪くなり、あまり伸びなくなってしまう。ストレッチをすると、収縮した筋肉が伸びて血流がよくなり、疲労回復をうながすことができる。

練習後は、特に水泳で使う上肢・下肢、さらに体幹の3か所を中心にストレッチして、体のケアに努めよう。また、陸上トレーニングをしたら、そのトレーニングで使った部位をストレッチしておくと、筋肉痛の予防にもつながる。次の日の練習もしっかりがんばるためにも、疲労した筋肉は、その日のうちにケアしておくことが大切だ。

STEP 1　体幹のストレッチ

回数	左右1回ずつ
時間	2分（左右1分ずつ）

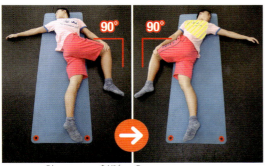

体側から腰まわりの筋肉を伸ばすことができるストレッチ法だ。

Point　ゆっくりひねって体側を伸ばす

1. 仰向けに寝て、片方の足のひざを90度に曲げる。
2. 体をひねるようにして、90度に曲げたほうの足とは反対側の手でそのひざを押さえる。
3. 体をひねった方向とは逆の方向に顔を向けて行うと、体幹が伸びやすくなる。

STEP 2　下半身のストレッチ

回数	左右1回ずつ
時間	2分（左右1分ずつ）

上半身を完全に倒しても伸びない場合は、足首をお尻の下に持っていくと伸びやすくなる。

Point　太ももの筋肉を伸ばす

1. 片方の足を曲げる。もう片方の足は、伸ばしたままにして、上半身をうしろに倒していく。
2. 太ももが気持ちよく伸びるところで上半身を止める。
3. 片方の足を1分程度行ったら、もう片方の足も同じようにストレッチする。

STEP 3　上半身のストレッチ

回数	左右1回ずつ	時間	2分（左右1分ずつ）

座ってリラックスした状態で行ってもOKだ。

Point　肩と上腕三頭筋を伸ばす

1. 片方の腕を伸ばしたまま胸の前に持っていく。もう片方の手で、伸ばした腕を体に引きつけるようにして、肩のまわりを伸ばす。
2. 頭のうしろに片方の腕を持っていき、その腕のひじをもう片方の手で引っ張るようにして、上腕三頭筋を伸ばす。

※上腕三頭筋は、上腕（肩とひじの間）の裏側にある筋肉。

第4章　トレーニング

効果を上げるペアストレッチ
補強運動 応用ストレッチ

ひとりでは伸ばしきれない場所のストレッチは、2人ひと組で行う。また、運動に近いダイナミックストレッチは、ウォーミングアップとして活用しよう。

1 ペアストレッチは、ストレッチ効果を上げたり、ひとりでは伸ばせない場所を伸ばしたりするのに役立つ。

2 あまり伸ばしすぎないように、声を掛け合いながらちょうどよい強度でストレッチしよう。

2人ひと組でペアストレッチを行えば、ひとりでは伸ばしきれない部位も、ストレッチが可能になる。また、ひとりでできるストレッチもペアで行えば、より効果的なストレッチになる。時と場合によって使い分けよう。

体を動かしながら筋肉を伸ばしたり、関節を動かしたりするダイナミックストレッチは、疲労回復ではなく、ウォーミングアップとして効果的だ。ここでは水泳でよく使う、肩関節と股関節のダイナミックストレッチを紹介しよう。

STEP 1 ペアストレッチ

回数	左右1回ずつ
時間	2分（左右1分ずつ）

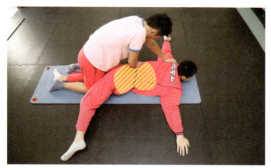

反対側も同じ時間、同じように行う。あまり強く押しつけないように注意。

Point 腰まわりを効果的にストレッチ

1. 腰まわりは、ひとりでは伸ばしきれない部分なので、ペアストレッチで伸ばす。
2. ひとりがうつぶせになり、写真のように背面で足をクロスさせる。
3. もうひとりが片方の肩と腰を押さえることで、腰まわりをじっくりストレッチすることができる。

STEP 2 肩のダイナミックストレッチ

回数	20回（左右10回ずつ）	時間	1分

体が左右にぶれないように注意して行う。

Point 肩と上腕三頭筋をほぐす

1. 立った状態で、左右の手を交互に、頭のうしろに放り投げるイメージで動かす。
2. 手を左右に大きく振るようにして行う。体の前の腕は、体にまきつけるように動かす。
3. 腕全体はリラックスして、力を入れずに行う。

※上腕三頭筋は、上腕（肩とひじの間）の裏側にある筋肉。

STEP 3 股関節のダイナミックストレッチ

回数	左右10回ずつ
時間	2分（前後左右合わせて）

ひざは伸ばしすぎず、曲げすぎず、力を入れずに行うのがコツ。

Point 足を伸ばして大きく振る

1. 足を前後や左右に大きく振って、股関節の動きをよくしながら、ハムストリングスの軽いストレッチも同時に行う。
2. 足を前後に振るときは、対角線上の腕も足に合わせて振る。
3. 左右に足を振るときは、壁などに両手をついて、股関節を開いたり閉じたりする。

第4章 トレーニング

勝つための
チーム環境づくり

1 マネージャーの役割

強いチームをつくり上げるには、指導者や選手だけではなく、陰でチームを支えるマネージャーの存在も欠かせない。その理由と役割を見ていこう。

陰でチームを支えるマネージャーの存在は、強いチームづくりに欠かせない。「強いチームには、よいマネージャーがいる」と竹村監督。

　指導者と選手を陰で支え、チームをサポートするマネージャー。日大豊山では、マネージャーの存在をとても大切にしている。マネージャーにとって大切なのは、指導者が伝えようとしていることや必要としていることを先回りして考え、行動できること。常に周囲に気を配り、指導者の考えや選手の要望を把握してくれているマネージャーがいるからこそ、指導者は指導に専念でき、選手は練習で自分の力を高めることに集中することができる。

　チームをスムーズに運営し、強くきたえ上げていくためにも、マネージャーの存在は欠かせない。

2 マネージャーの仕事は多い

練習や大会の準備に、練習中の記録測定、さらに選手と指導者の仲立ちなど、マネージャーの仕事は多岐にわたる。

① コミュニケーションを密にする

マネージャーの仕事には、選手が練習に集中したり、大会でベストをつくしたりするための環境づくりや、選手と指導者の仲立ちなどたくさんある。だからこそマネージャーは、選手とも指導者とも密なコミュニケーションをとることが必要だ。また、選手のメンタル的なサポートをするのも、マネージャーの役目だ。

② マネージャーはチームの潤滑油

指導者と選手の要望を把握し、先回りして行動するのがマネージャー。そのためには、常に周囲に気を配り、自ら行動することが求められる。ときには選手側に立ち、ときには指導者側にも立てるマネージャーは、チーム運営の潤滑油としての役割を果たしている。

だからマネージャーがいると、選手たちは集中して練習に取り組めるのだ。

③ マネージャーに感謝しよう

マネージャーはいくらがんばっても表彰されないし、メダルももらえない。選手が自分のことを第一に考え、練習に取り組めるのは、その準備をマネージャーがしてくれているからだ。マネージャーがいるから自分たちはがんばれるという気持ちを、選手は絶対に忘れてはいけない。マネージャーがしてくれるのは当たり前だと決して思わないこと。

勝つためのチーム環境づくり

3 チーム編成と強み

強いチームをつくるには、自分たちの強みを把握することが大切だ。その強みをいかし、どういう方向性で強化していけばよいのかを考えて、チームづくりを進めていこう。

自分たちのチームの強みは何なのか。まずはそれを自分たちで見つけ、把握しよう。強みがわかれば、それをいかしたチーム強化ができる。

チームの強みを見つける

どのチームにも、スプリント種目の速い選手が多いとか、長距離を得意とする選手が多いといった「強み」がある。水泳に直結することだけではなく、選手たちの団結力が強いといったことなども、チームの強みとしていかせる部分だ。

日大豊山の強みは、男子校ならではの団結力と競争力だ。男同士であるがゆえの競争意識の高さが日ごろの練習にも現れていて、それが特に学校対抗戦でのリレー種目の強さにつながっている。

伝統が支える力

日大豊山には、卒業生たちもOB会を通じて長年、チームをサポートしていくという伝統がある。選手たちはその結束を感じることでより一層チームへの帰属意識が強くなり、団結力も増していく。

チームの強みを知り、その強みを伸ばすことは、個人だけではなく、チーム全体が成長する大きなポイントだ。

勝つためのチーム環境づくり

① 得意なものや特徴を見つける

　チームを成長させるうえで、チームの強みを知ることはとても大事だ。自分たちのチームの環境や特徴、得意なものを見つけよう。強みが見つかれば、それを伸ばしていくようにチームを運営できる。強みがわかれば、チームが進む方向性もハッキリするので、強化プランも立てやすくなる。

② 全員がひとつのチーム

　水中練習では、泳力や目標によっていくつかの練習チームに分けるが、それ以外の部分は区別しない。指導者、選手、マネージャーの全員がいて、はじめてチームであることを自覚しよう。そこから結束力が生まれ、向上心を持つ集団となることができる。
　例えば、掃除には先輩・後輩も泳力も関係ない。全員で全員を支え、役割をこなし、はげまし、高め合う。それがチームだ。

③ 練習チームは泳力と目標によって分ける

　泳力と目標によって、練習チームはできるだけ細かく分けるとよい。同じ目標を持つ選手でチームを組めば、目指すべき方向が明確なので団結しやすいものだ。
　しかし、小さなチームだけで固まりすぎてはいけない。マネージャーを中心に、ほかの練習チームとよくコミュニケーションをとっていけるように注意をはらおう。そういった内部環境なども考慮してチーム編成を考えよう。

4 時間の有効活用

中学生活の3年間を有意義に過ごすためには、限られた時間をできるだけ有効に使うこと。水泳のため、そして自分が人として成長するための時間にしよう。

学校の部活動だからこそ、移動の時間を減らして時間を有効に活用できる。時間を有効に使えれば、その分、勉強に取り組んだり、家族や友だちと過ごしたりする時間がつくれる。

時間をムダにしない部活

　学校の部活動には、時間を有効に使えるという特色がある。授業が終わったらすぐに練習を行えるからだ。日大豊山の練習が終わるのは、遅くても18時30分だ。そのため、帰宅後に食事をとる時間や勉強をする時間、睡眠時間も十分に確保することができる。時間を有効に使えば、水泳だけではなく、学習に意欲的に取り組んだり、家族との時間をつくったりすることもできる。

生涯の宝

　学校生活を通じて友だちや知人をたくさんつくっておくと、卒業して社会人になってからもつき合いが続き、それが生涯の宝となる。日大豊山には、そうしたつながりを大切にする伝統があり、OBによる活動支援というかたちで受け継がれている。

　また、日ごろから自分たちを支えてくれている家族との時間も、選手として、また人として成長するために大切にすべきだ。

① 練習終了後の時間を使う

　学校の部活動では、練習場所への移動時間が短い場合が多いので、授業終了後、すぐに練習ができる。練習を開始する時間が早くなれば、その分、練習後の時間を有効に活用できる。あいた時間は、弱点を克服するための、自主練習の時間にあてることをおすすめする。

　弱点を克服するためには、何度もくりかえし練習することが大切なので、たくさんの時間を費やさなければならない。部活の練習時間は限られているので、練習後の時間をうまく利用して、効率よく弱点を克服していこう。

② 水泳以外の時間も大切にしよう

　時間を有効活用すれば、水泳以外の経験を積める時間を確保できる。例えば、AチームとBチームが普段は別々のメニューで練習している場合、別チームの部員と練習以外の時間を過ごせば、情報交換ができるし、選手同士のコミュニケーションを深めることもできる。そうすることで、チームとしての団結力も上がっていく。

　また、学生時代に多くの経験を積めば、選手としてだけではなく、人として大きく成長することができる。大切なことは、競泳というスポーツを通じて、何を学び経験したかだ。スポーツを通じて学べることは数えきれないほど多くあり、それが将来、自分にとっての宝となるはずだ。

勝つためのチーム環境づくり

5 合宿でのチーム力アップ

合宿では、練習だけではなく、寝食の時間もともにするので、指導者やマネージャーなどとも長い時間を過ごせる。コミュニケーションを深める絶好の機会だ。

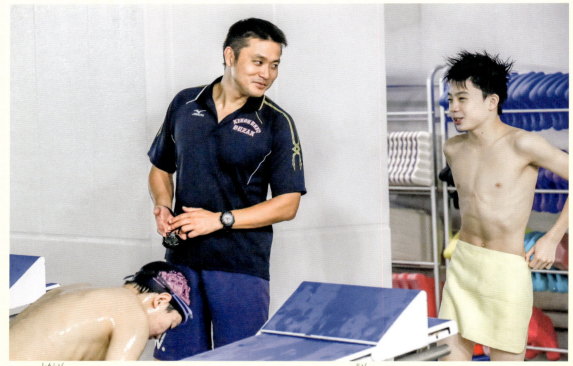

合宿で寝食をともにすることで、コミュニケーションが深まり、チーム力アップにつながる。水泳に集中して取り組むことはもちろんだが、選手同士や指導者、マネージャーとの交流を積極的に図ろう。

合宿の目的

日大豊山では、年に数回の合宿を行う。1日という時間をフルに利用し、競技力の向上のために集中して練習にはげむことができる。

合宿の目的はそれだけではない。普段は学校生活と練習時間しか交流のない選手同士や、指導者、マネージャーなどと過ごす時間が増えるので、チームのコミュニケーションを深められる場としても役立てている。人間関係の結びつきの深さは、チーム意識を高めることにもつながる。

「公」の大切さを学ぶ

合宿という集団生活の中では、「他者の気持ち」を考えて行動するという「公」の気持ちが大切になる。他者について考えることは、チームのことを考えることにつながるので、必然的にチーム力もアップする。また、「公」の気持ちは、社会に出てからその人の大きな力になるはずだ。

合宿を単に水泳に集中できる場所と考えるのではなく、チーム力を高め、社会性を身につける機会であることも覚えておこう。

① コミュニケーションがカギ

合宿は、寝食をともにすることでチームのコミュニケーションを深めるチャンスだ。合宿では非常に強度の高い、自分の限界にチャレンジするような練習も多い。実は限界というのは精神的な限界がほとんどで、肉体的な限界は自分が考えているよりも先にある。そんな厳しい練習も、仲間とはげまし合い、一体感を持って臨めば、精神的な限界を乗り越えることもできる。コミュニケーションを深めることは、選手としての能力を上げることにもつながるのだ。

② 弱点克服にも活用しよう

朝から晩まで、じっくりと水泳づけになれる合宿では、自分が取り組みたいことを明確にしておくとよい。水泳に集中できるだけではなく、陸上トレーニングなどの時間もつくれるので、自分の弱点を克服するのに最適だからだ。

弱点を克服するためには、徹底的に取り組むことが大切で、それが集中的にできるのが合宿という時間だ。コミュニケーションをとり、チーム力を深めることも大切だが、合宿の本来の目的が競技力の向上にあることを忘れてはならない。合宿では、普段よりも練習環境がよいことが多い。合宿という環境だからできる練習にも取り組んでみよう。

勝つためのチーム環境づくり

6 クールダウンと休日

速くなる、強くなるためには、練習をがんばることが大切。だが、体を休める時間をつくり、疲労を回復させるのも、結果を残すために取り組むべき大事なことだ。

練習も休息も、選手にとって大切さは変わらない。体力を回復させなければ、疲労がたまってケガにつながる恐れがあるので注意したい。クールダウンは、その日の練習の疲労回復を早めてくれる効果もある。

疲れをとるクールダウン

結果を残すためには、厳しい練習をこなすだけではなく、休みをしっかりとることも大切だ。厳しい練習に取り組むときはしっかり、休息をとって、体力を回復させよう。オーバーワークはケガの原因になる。練習後、クールダウンを行い、その日の疲れをできるだけ取り除く努力をしよう。

休日を日曜にする理由

日大豊山の基本方針は、「やるべきときにやり、休むべきときに休む」だ。日大豊山の休日は日曜日。日曜日にゆっくりと休むことで心身ともにリセットし、月曜日からがんばれるようにしている。また、日曜日が休みであれば、家族や友だちとゆっくり過ごすこともできる。メリハリのある練習計画を立てることで、選手たちのやる気を引き出しているのだ。

たまには水泳から離れて遊びにいくことも、気持ちのリフレッシュにつながり、また練習をがんばろうというモチベーションアップにも役立つ。

① 勇気を持って休もう

休みをとると、体力が回復するだけではなく、気分もリフレッシュできる。練習をがんばることも大事だが、勇気を持って休むことも忘れてはならない。心身ともに休めれば、次の練習へのモチベーションを高めることもできる。1日ゆっくり休息できるような日を意識的につくり、心も体も回復させよう。

② やるべきとき、休むべきとき

最も力を発揮したい大会を見すえて、年間→月間→週間と練習計画を立てよう。それを選手全員が理解して取り組めば、おのずと結果につながるだろう。大切なのは練習の内容だけではなく、体を休める休日のことも考えて計画を練ること。強度の高い練習ばかりが続くと、選手は体だけではなく、心も疲れきってしまう。適切な休日を計画に組み込めば、オーバーワークも予防できる。休むときは休む、やるときはやる。このメリハリが選手を強くする。

③ その日の疲れはその日にとる

練習後やレース後にクールダウンを行うと、体の血流がよくなり、体力の回復が早まる。特に、使った筋肉をほぐすことを意識して行うと効果的だ。その日の体の疲れは、なるべくその日のうちに取り除こう。ゆっくり泳ぐだけではなく、10～15m程度を数本、スピードを上げて泳ぐと、筋肉がゆるみすぎないので、だるさを感じにくくなる。

7 ミーティングのあり方

チーム全体でミーティングを行うと、普段よりも深く掘り下げた内容でコミュニケーションをとることができる。

中学時代の3年間で行えるミーティングの回数は、意外と少ない。それだけ意思の疎通を図る時間が少ないということ。だからこそ、1回1回のミーティングを大事にしてほしい。

一体感をつくるミーティング

指導者やスタッフと選手の間で意思の疎通を図り、コミュニケーションをとるために大切な時間が、ミーティングだ。チームの一体感をつくり出す大切な時間である。特に、その水泳部が持つ"伝統"を受けついでいくためには、チームの根幹にある考え方や、チームの方針を伝え続け、チームで共有することが重要だ。

チームの方向性を共有

ミーティングは、単にコミュニケーションをとる場ではない。チームとしての目標を明確にして、一体感を持って日々の練習に取り組んだり、チームとして大切な"伝統"を伝えたりするためのものだ。ミーティングの時間は、指導者の考えを選手が理解するためだけではなく、チームの方向性を共有するために使おう。

コラム

個人でできるトレーニング
自主トレができる選手は強い

自主トレで強くなる

個人の取り組み

部活動において、水中で行う練習は決まった時間にしかできないが、陸上トレーニングやストレッチなどは、時間にとらわれずに個人で取り組める。こういった自主トレに自ら取り組める選手は、必ず強くなる。

自主トレで強くなる

寝る前にストレッチをしたり、日々の食事に気をつけたり、故障をしないためのコンディショニングに取り組んだりすることも、立派な自主トレのひとつだ。部活動という決まった練習時間以外の行動でも、自分が強くなるために何をすればよいのかを考えて実行できるかどうかが大切だ。

国語力をきたえる

自己管理能力

自主トレができる選手は、自分で物事を考えて自主的に行動ができる。それはつまり、自己管理能力が高いということ。これを支えるのは"国語力"だ。物事を考える、人に伝える、自分で想像する。これらはすべて、言葉で行う。つまり、国語力をきたえれば、考える力、伝える力、想像する力を高めることになるのだ。

本を読む

国語力をきたえるためには本を読み、言葉を知ることが大切だ。多くの言葉を知れば、それだけ表現の幅が広がり、物事を多角的にとらえられるようになる。今すぐにたくさんの言葉を覚えるべきとはいわないが、学校生活の中で、できるだけたくさんの言葉と出会い、身につけられるように心がけるとよいだろう。水泳だけではなく、社会に出たときに必ず役に立つはずだ。

これだけは知っておきたい
水泳の基礎知識

プールの各部名称

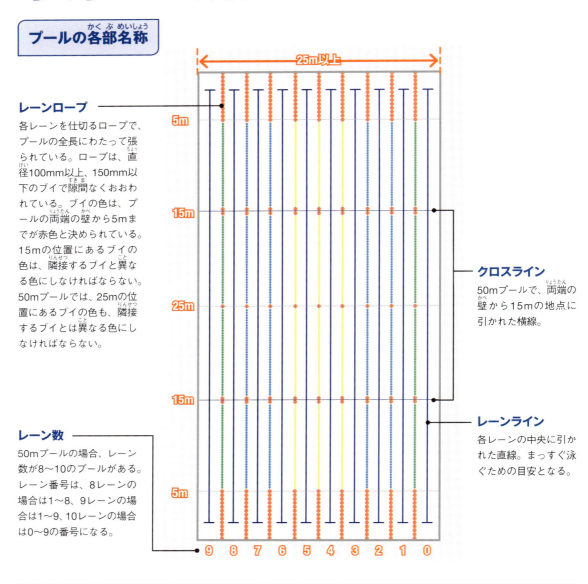

レーンロープ
各レーンを仕切るロープで、プールの全長にわたって張られている。ロープは、直径100mm以上、150mm以下のブイで隙間なくおおわれている。ブイの色は、プールの両端の壁から5mまでが赤色と決められている。15mの位置にあるブイの色は、隣接するブイと異なる色にしなければならない。50mプールでは、25mの位置にあるブイの色も、隣接するブイとは異なる色にしなければならない。

クロスライン
50mプールで、両端の壁から15mの地点に引かれた横線。

レーンライン
各レーンの中央に引かれた直線。まっすぐ泳ぐための目安となる。

レーン数
50mプールの場合、レーン数が8～10のプールがある。レーン番号は、8レーンの場合は1～8、9レーンの場合は1～9、10レーンの場合は0～9の番号になる。

プールの断面図

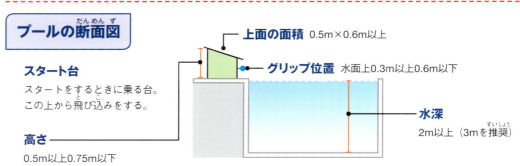

スタート台
スタートをするときに乗る台。この上から飛び込みをする。

高さ
0.5m以上0.75m以下

上面の面積 0.5m×0.6m以上

グリップ位置 水面上0.3m以上0.6m以下

水深 2m以上（3mを推奨）

知っておきたい水泳用語集

泳者	第1泳者、第2泳者など、レースで泳ぐ人を指す。「スイマー」ともいう。
キャッチ	手を入水させた直後に行う動作で、手のひらで水を押さえて、とらえるような動きのこと。
グリップ	背泳ぎのスタート時に握る取っ手で、スタート台に設置されている。「スターティンググリップ」ともいう。
蹴伸び	プールの側面を両足で蹴り、両腕を前方にのばして手足を動かさずに前進すること。
コンビネーション	手、足、呼吸などの各動作を組み合わせて泳ぐこと。「コンビ」ともいう。
シュノーケル	顔につけて、水中でも呼吸が行えるようにする水泳用具のこと。
スイッチ	個人メドレーで、泳ぐ種目の切り替わり部分を練習すること。
ストローク	水中で前進するために、腕で水をかく動作のこと。
スプリント	全力に近いスピードを維持する能力のこと。レース序盤などの速く泳ぐ場面で求められる。
ターン	プールを端まで泳ぎきり、折り返すときの動作のこと。「タッチターン」「クイックターン」などがある。
タイムトライアル	指定された距離を全力で泳いでタイムを測定し、今後の目標タイムを設定する練習。
ダブルアーム	クロールや背泳ぎで水をかくときに、左右の手を同じように動かすこと。
2K1P（ツーキック・ワンプル）	2回のキックで1かきするドリルのこと。
テイク・ユア・マーク	スタート時のかけ声。「スタートする体勢になれ」という意味。「よーい」のこと。
ディセンディング	指定された距離と本数を泳ぐときに、徐々にスピードをあげていく練習方法。
飛び込み	スタートの合図に合わせて、スタート台の上から入水すること。
ドリル	泳ぐ動作の一部を切り出して、個別に練習すること。
バサロ（キック）	背泳ぎのスタート時に、仰向けの潜水状態で、バタフライキックのみで進む方法。
バタ足	水中で前進するために、足で水を蹴る動作。「キック」ともいう。
バタフライキック	両足をそろえて、足の甲で水を蹴るキックのこと。「ドルフィンキック」ともいう。
バックプレート	スタート台のうしろについている、ななめの板のこと。
パドル	手のひらにつける水泳用具のこと。手のひらでとらえる水の量が増える。
ビート板	浮力を得るために使う水泳用具のこと。泳げない水泳初心者が使うほかに、足にはさむなどして練習に使う。
フィニッシュ	キャッチでとらえた水を、腕でうしろに向けて放り投げるようにかききる動作。
フィン	足につける水泳道具のこと。足でとらえる水の量が増える。
4K1P（フォーキック・ワンプル）	4回のキックで1かきするドリルのこと。
プル	連続するストロークの中で、水をかく動作のこと。
ブレス	息つぎのこと。回数を少なくすると水の抵抗をおさえて速く泳ぐことにつながる。
ヘッドアップ	顔を水面から上げたままで泳ぐこと。
ラップ	プールの片道もしくは往復ごとに測定した所要時間のこと。
リカバリー	連続するストロークの中で、水をかいた腕を進行方向に戻す動作のこと。
ローリング	クロールや背泳ぎをするときに、キックやストロークに合わせて胴体を左右に傾ける動作のこと。

監修・学校紹介

監修

竹村知洋 監督

1974年生まれ。埼玉県出身。日本大学法学部卒業。在学中は水泳部に所属。1996年から日本大学豊山高等学校・中学校の水泳部のコーチを務め、2004年から水泳部監督に就任。高い競技力を備えた競泳選手の育成のみならず、学校教育の一環として礼儀正しく心身ともに健やかな人材を育てる教育をモットーに指導。2017年、全国中学校、高校のインターハイで同じ年に総合優勝を果たしたほか、オリンピックをはじめとする国際大会への出場者を多数輩出している。東京都競泳委員。国民体育大会東京都少年男子監督。

学校

日本大学豊山高等学校・中学校

東京都文京区にある中学・高校併設の日本大学の付属校。「強く　正しく　大らかに」を校訓とし、心身ともに健康で、明るく思いやりがあり、常に学習を大切にする「凛とした」生徒の育成を目標に掲げ、教育を実践している。学業の精励はもとより、スポーツ・文化活動も盛んに行われている。

撮影に協力してくれた部員たち

関 海哉（クロール、バタフライ、背泳ぎ）

大倉綾太（平泳ぎ）

日本大学豊山高等学校・中学校　水泳部

心豊かな人間力を備えた競泳人を育てるクラブ活動を行っている。中学1年生から高校3年生まで、それぞれの希望と泳力に応じてチームを分け、コーチが指導を分担し、活動時間や練習内容を考えている。上手に泳げるようになりたいという生徒から、日本選手権での活躍を目指す生徒まで、さまざまな要望をもった生徒が入部しているのが特徴。チームの目標はインターハイ総合優勝、全国中学校総合優勝。2017年には、第85回 日本高等学校選手権水泳競技大会（インターハイ）と、第57回 全国中学水泳競技大会（全中）で、男子総合優勝を達成した。

編集	ナイスク（http://www.naisg.com）
	松尾里央　岸 正章　原田俊弥
装丁・本文フォーマット	大悟法淳一　大山真葵（ごぼうデザイン事務所）
デザイン・DTP	武田理沙（ごぼうデザイン事務所）
撮影	中島健一
イラスト	泊 聡
取材・文	田坂友暁

勝てる！ 強くなる！
強豪校（きょうごうこう）の部活練習メニュー

水泳

初版発行　2018年3月

監修　竹村知洋（たけむらともひろ）

発行所　株式会社 金の星社
　　　　〒111-0056 東京都台東区小島1-4-3
　　　　電話 03-3861-1861（代表）　FAX 03-3861-1507
　　　　振替 00100-0-64678　http://www.kinnohoshi.co.jp/
印刷　図書印刷 株式会社
製本　東京美術紙工

128P　26.3cm　NDC780　ISBN978-4-323-06498-7 C8375

©Naisg, 2018
Published by KIN-NO-HOSHI SHA Co.,Ltd, Tokyo Japan

乱丁落丁本は、ご面倒ですが、小社販売部宛にご送付ください。
送料小社負担にてお取り替えいたします。

JCOPY　出版者著作権管理機構 委託出版物
本書の無断複写は著作権法上での例外を除き禁じられています。複写される場合は、そのつど事前に出版者著作権管理機構（電話 03-3513-6969、FAX 03-3513-6979、e-mail: info@jcopy.or.jp）の許諾を得てください。
※本書を代行業者等の第三者に依頼してスキャンやデジタル化することは、たとえ個人や家庭内での利用でも著作権法違反です。

> 勝てる!
> 強くなる!

強豪校の部活練習メニュー
第2期 全3巻

- シリーズNDC780(スポーツ、体育)
- B5判 128ページ
- 図書館用堅牢製本
- 小学校高学年・中学生向き

全国でスポーツに励む小中学生のために、各種目の強豪校の練習方法を紹介。基本的な練習から実戦練習、筋力トレーニング、チームマネジメントまで、強くなるための方法を完全網羅。練習メニューの組み方も解説しているので、「部活を始めたばかりでどんな練習をしていいかわからない」「練習をしても試合で勝てない」などの悩みを解決できます。

卓 球
愛知工業大学名電中学校 卓球部監督
真田浩二 監修

「ドライブ」「ブロック」「ツッツキ」
「カット」「ストップ」「ダブルス」など

バドミントン
埼玉栄中学・高等学校 バドミントン部監督
名倉康弘 監修

「スマッシュ」「ハイバック」「ドライブ」
「ロブ」「プッシュ」「ダブルス」など

水 泳
日本大学豊山高等学校・中学校 水泳部監督
竹村知洋 監修

「クロール」「バタフライ」「平泳ぎ」
「背泳ぎ」「飛び込み」「ターン」など

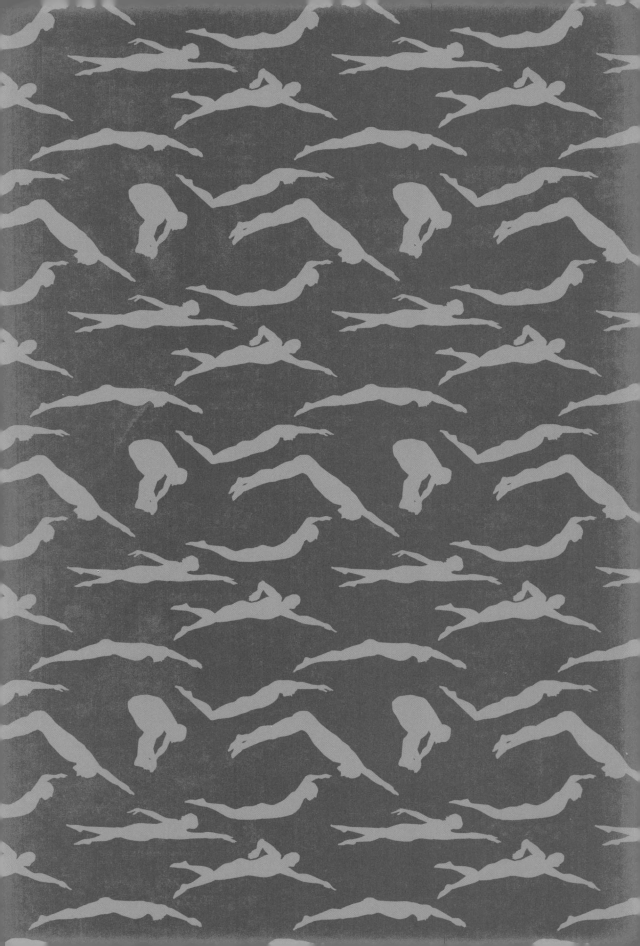